Princess

女孩子成长必读的101个

公王故事

阿拉丁Book教育研发组 编

梦幻童话卷

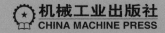

机械工业出版社
CHINA MACHINE PRESS

图书在版编目（CIP）数据

女孩子成长必读的 101 个公主故事.梦幻童话卷/阿拉丁
Book 教育研发组编.—2 版.—北京：机械工业出版社，
2019.7
(Q 书架.妈妈就是好老师)
ISBN 978-7-111-62676-3

Ⅰ.①女… Ⅱ.①阿… Ⅲ.①故事课–学前教育–教学参考资
料 Ⅳ.①G613.3

中国版本图书馆 CIP 数据核字 (2019) 第 085958 号

机械工业出版社（北京市百万庄大街 22 号　　　邮政编码 100037）
策划编辑：徐曙宁　　责任编辑：贾　雪
责任印制：孙　炜　　责任校对：樊钟英

北京联兴盛业印刷股份有限公司印刷
2019 年 7 月第 2 版·第 1 次印刷
210mm×285mm　　19 印张　　379 千字
标准书号：ISBN 978-7-111-62676-3
定价：58.00 元

电话服务　　　　　　　　　　　　　**网络服务**
客服电话：010-88361066　　　　机工官网：www.cmpbook.com
　　　　　010-88379833　　　　机工官博：weibo.com/cmp1952
　　　　　010-68326294　　　　金书网：www.golden-book.com
封面无防伪标均为盗版　　　　机工教育服务网：www.cmpedu.com

Contents

目录

第一篇　美丽善良篇

白雪公主 （德国）《格林童话》

白雪公主的美丽容貌遭到继母王后的妒忌。恶毒的王后让武士杀死公主，武士却违背了她的意愿，把公主放走了。孤苦无依的公主遇到了七个善良的小矮人，他们渴望一起过上平安、快乐的生活，可阴险的王后会善罢甘休吗？

003/ 神奇的魔镜
005/ 七个小矮人
009/ 王后的阴谋
011/ 再次迫害公主
013/ 公主复活

III

睡美人 （德国）《格林童话》

一位美丽的公主在她降生后不久受到了可怕的诅咒，这个诅咒在十五年之后应验了，美丽的公主在布满荆棘的古堡中整整沉睡了一百年——她受到了谁的诅咒？又有谁能将这位沉睡的公主唤醒？

016/ 恶毒的诅咒
020/ 沉睡的城堡
023/ 公主苏醒

美女与野兽 （德国）《格林童话》

温柔、美丽的少女贝儿为了解救父亲，决定留在一头野兽身边。没想到外表冷酷的野兽竟然有着一颗善良孤独的心。在与野兽一起生活的日子里，她发现了野兽的一个秘密，从此他们的命运变得不再平凡。

027/ 昂贵的玫瑰花
029/ 和野兽在一起的日子
031/ 野兽受伤了
033/ 破除魔法

拇指姑娘 (丹麦)《安徒生童话》

美丽的拇指姑娘从一朵花里出生了，可是自从她出生之后，就遭遇了一连串的不幸：先被癞蛤蟆抢走，又被金龟子抛弃，可恶的鼹鼠又来逼婚……可怜的拇指姑娘该怎么办呢？她是那么柔弱、娇小，她会勇敢地与命运抗争吗？

036/ 拇指姑娘的诞生
039/ 蝴蝶和金龟子
042/田鼠、鼹鼠和燕子
044/ 百花之王

莴苣姑娘 (德国)《格林童话》

很久以前，在美丽的花园里住着一位邪恶的女巫，她把一个女孩关进了一座没有门和梯子的高塔里。与世隔绝的女孩儿每天只能在塔中悲伤地歌唱。后来，一位邻国的王子从塔下经过，深深地被她那美妙的歌声打动，这位王子能战胜女巫救出那个女孩吗？

049/ 莴苣姑娘的诞生
051/ 高塔上的美丽长发
054/ 女巫的惩罚

豌豆公主 (丹麦)《安徒生童话》

王子有个心愿，他想与一位真正的公主结婚，可是去哪里找呢？在一个暴风雨的夜里，来了一位自称是公主的女孩儿，可她究竟是不是真正的公主呢？王后只用一颗小豌豆，就能检验出公主的真假，她是怎么做到的呢？

058/ 雨夜陌生来客
060/ 床榻上的豌豆

小红帽 (德国)《格林童话》

有一个美丽、善良的小姑娘，她的头上总是戴着一顶红色的帽子，人们都叫她"小红帽"。她常常去看望住在树林里的外婆，并且给她送去好吃的食物。这天，她像往常一样走进了树林，没想到遇见了可恶的大灰狼，可是善良的小红帽却把大灰狼当成了好人，这可太危险了！后来，猎人来了，他能打败大灰狼吗？

065/ 可爱的小红帽
067/ 大灰狼的阴谋
070/ 终于脱险
072/ 猎人的话

第二篇 聪明机智篇

👑 灰姑娘 (德国)《格林童话》

在一次盛大的宫廷舞会上，一位美丽的"公主"与王子相遇了，可是这位"公主"每次与王子见面后，都会急匆匆地离开。王子想尽办法都无法留住她，她一定有自己的秘密！这天，"公主"慌忙离开的时候，不小心丢下了一只水晶鞋，奇迹便从这里开始了……

074/ 灰姑娘的不幸
076/ 偷偷参加宫廷舞会
079/ 不慎丢失水晶鞋
082/ 谁是王子的新娘

👑 茉莉公主 (阿拉伯)《一千零一夜》

一个非洲魔法师，为了得到无所不能的神灯，不远万里来到东方古国，冒充阿拉丁的伯父，骗他为自己拿出神灯。可是弄巧成拙，他不仅没有得到神灯，反而阴差阳错地让阿拉丁过上了幸福生活，阿拉丁还娶到了美丽的公主。魔法师气坏了，他才不会善罢甘休呢，于是，他又想出了新的阴谋……

084/ 神奇的魔戒
087/ 无所不能的神灯
090/ 会飞的宫殿
091/ 寻找公主

👑 娜娜公主 (德国)《格林童话》

森林里有一位美丽的公主，一次，她在陪自己的心上人翻越玻璃山的时候，不小心掉进了一个大洞里。就在这时，一个神秘而富有的白胡子老头儿出现了。他是好人还是坏人？他想让娜娜公主做些什么？聪明的娜娜公主能逃出山洞吗？

095/ 公主身陷玻璃山
096/ 神秘的白胡子老头儿
099/ 绝妙的主意

👑 驴皮公主 (德国)《格林童话》

真是一件荒唐的事情——因为一个誓言，一位伟大的国王竟然要娶自己的女儿。纯洁的公主为了逃脱这怪诞的厄运，披上难看的驴皮逃走了，仙女预言她会因此而找到幸福。可是，身上披着这么丑陋的装束，公主如何能找到幸福呢？

102/ 公主乔装出逃
105/ 蛋糕里的戒指
107/ 真相大白喜相逢

孔雀公主 （中国）《贝叶经·召树屯》

美丽而神奇的孔雀国里有一位公主，她嫁给了真心爱她的召树屯王子。可是有一天，恶毒的巫师趁王子出征的时候，竟然诬陷孔雀公主，还要国王烧死她，可怜的孔雀公主该如何逃脱这样的厄运呢？

112/ 羽衣不翼而飞

115/ 公主遭遇陷害

117/ 寻找美丽公主

玫瑰公主 （德国）《格林童话》

美丽的玫瑰公主有着天仙一般的容貌，向她求婚的人数不胜数。可是她天生傲慢，看不起所有人，于是国王做出了一个惊人的决定——把她嫁给了一个乞丐，并赶出了王宫！整天锦衣玉食的公主要靠乞讨为生了，这是真的吗？

120/ 公主嫁给乞丐

123/ 公主做买卖

125/ 会变的国王

十二个跳舞的公主

（德国）《格林童话》

一个王国里有十二位公主，她们每天晚上都偷偷跑出去跳舞，结果把鞋子都磨破了，她们究竟去哪里跳舞了？对此，国王一直疑惑不解。为了解开谜团，国王悬赏寻找聪明的人。他能找到十二位公主偷偷跳舞的地点吗？谁又能揭开这个谜底呢？

129/ 磨破的鞋子

130/ 机智的老兵

132/ 公主们的秘密舞会

兰妮公主

（俄罗斯）民间故事

美丽的天鹅湖一到晚上就会闪烁着奇异的光芒，一天，齐格菲尔德王子看到湖中五只美丽的天鹅竟然变成了五位漂亮的姑娘，他惊讶极了！后来才知道，她们被巫师罗特巴施了魔法。于是，王子毅然决定，打败巫师，解救公主！巫师知道了这件事，他会善罢甘休吗？带着疑惑，让我们走进故事吧！

136/ 变成天鹅的公主

139/ 邪恶的阴谋

141/ 真爱感动上天

第三篇 勇敢坚强篇

👑 美人鱼 (丹麦)《安徒生童话》

大海深处有一个人鱼王国。单纯、善良的小美人鱼就是那里最小的公主。自从遇见王子之后，她的命运发生了重大转折。她终于拥有了一双可以走路的腿，但她却要面对一个可怕的结局。小美人鱼最后变成了什么？她能拥有不灭的灵魂吗？故事会帮我们揭开谜底……

144/ 小公主的美好期待

146/ 冒险救王子

149/ 巫婆的神奇药水

153/ 美丽的泡沫

👑 德西蕾公主 (法国) 民间故事

王后在仙女的帮助下，终于生下了一位美貌的公主。可是，她一出生就遭到邪恶的诅咒。十五年后，诅咒应验了，美丽的公主变成了一只牝鹿。就在她见到王子的那一刻，王子的弓箭却射向了她。公主的命运会怎样？她能否得到自己的幸福呢？

156/ 美丽公主的诞生

159/ 王子的期待

161/ 牝鹿的遭遇

VII

👑 玛琳公主 (德国)《格林童话》

玛琳公主与王子相爱了，可是公主的父亲却不愿意接受这位王子，他一气之下把公主关在一座暗无天日的高塔里，要关上整整七年。可是七年之后，父亲的王国却变成了一片废墟，可怜的玛琳公主无依无靠了，她想起了心爱的王子，决定去寻找他……

165/ 公主被藏深塔

167/ 王子迎娶新娘

170/ 真假新娘

👑 艾丽莎公主 (德国)《格林童话》

艾丽莎公主的十一个哥哥被狠心的王后变成了野天鹅，从此杳无音信。善良的艾丽莎公主历尽艰辛终于找到了他们，却无法解除哥哥们受到的诅咒。怎么办？为了解救哥哥们，可怜的艾丽莎公主历尽了种种磨难，她会成功吗？

174/ 哥哥变成野天鹅

176/ 兄妹喜相逢

179/ 惊险的旅行

182/ 刑场上的奇迹

牧鹅姑娘 (德国)《格林童话》

一个王国的王子要结婚了，可是在婚期将近的时候，他却放弃了自己的"新娘"，要娶一位牧鹅姑娘。原来这里有一段离奇的故事，恶毒的侍女制造了一个惊天的大骗局，"新娘"是由她假扮的，而美丽善良的牧鹅姑娘才是真正的公主！

187/ 公主远嫁
189/ 公主变成牧鹅姑娘
192/ 真相大白

五月花公主 (英国) 安德鲁·朗

国王为了躲避仙女的报复，把五月花公主放在一座密不透风的高塔里。可是，在她快二十岁的时候，却爱上了虚伪的使臣，并不顾一切地跟随使臣来到了一座孤岛上。为了得到公主的财宝，使臣终于露出了凶恶的真面目，他甚至要杀死公主……

196/ 密不透风的高塔
198/ 爱上了使臣
201/ 惊险的孤岛生活
204/ 幸福终于降临

青蛙公主 (俄罗斯) 阿·托尔斯泰

普拉娅公主住在一座美丽的庄园里，可是邪恶的卡谢依王却把她变成了一只绿皮青蛙。眼看三年的期限就要到了，就在公主即将获得自由的时候，爱她的王子却不小心让她变成了天鹅，可怜的普拉娅公主还能找到真爱吗？

208/ 美丽公主遭遇诅咒
211/ 王子的青蛙新娘
214/ 王子历险寻公主
217/ 公主重获自由

第四篇　宽容仁爱篇

公主与青蛙王子

（丹麦）《安徒生童话》

很久以前，国王让他美丽的公主与一只长相丑陋的青蛙做朋友，公主不情愿地答应了。可是她根本不喜欢那只青蛙，愤怒之下，公主竟然把它狠狠地摔在了墙上，没想到却出现了更加令人意外的情况……

222/ 公主的承诺

225/ 青蛙变王子

蜜蜂公主

（法国）阿纳托尔·法朗士

美丽的蜜蜂公主和乔治哥到一片大湖中探险，没想到哥哥被水妖抓走了，受重伤的蜜蜂公主也被抬到了石山里的矮人国。善良的洛克王对蜜蜂公主百般呵护，可是蜜蜂公主却想回到山外，跟她深爱着的乔治哥在一起。她能成功吗？让我们认真地读下去吧。

229/ 蜜蜂去探险

231/ 矮人国的"俘虏"

235/ 蜜蜂在矮人国里

237/ 善良的矮人国国王

239/ 神秘的魔戒

蔷薇花公主

（法国）《平普里内拉公主和罗曼林王子》

美丽的蔷薇花公主遭到了王后的嫉妒，被囚禁在一座神秘的高墙内，后来，水仙花王子发现了公主，并深深地爱上了她。就在他们彼此深爱着对方的时候，一位粗野的巫师出现了，他竟然想霸占公主为妻！随后，一场王子与巫师之间的斗争展开了。正义与邪恶之间，谁是最终的胜利者？

242/ 高墙内囚禁的公主

245/ 王子智斗巫师

249/ 巫师的阴谋

凯瑟琳公主

（意大利）《西西里童话故事》

一位美丽的姑娘，从小生活在一个富裕的家庭里，她原本可以生活得无忧无虑。然而，命运女神却跟她开了一个天大的玩笑，让她经历了整整七年的磨难，尝尽了生活的辛酸。没想到，一团丝线球的出现，又彻底改变了她的命运。她会重新过上富足的生活吗？

252/ 少女的命运女神

254/ 七年的磨难

258/ 丝线球带来的好运

普拉西达公主

（法国）奥尔努瓦夫人

　　美丽的普拉西达公主非常聪明，但却很懒惰，整天无所事事；王子虽然英俊，却缺乏耐心，做事很急躁。仙女为了帮他们改掉坏毛病，设计了一个绝妙的计划。随后，王子和公主就失踪了……

261/ 冒险王子失踪

263/ 王子与神秘羚羊

267/ 幸福到来时

白猫公主 （法国）奥尔努瓦夫人

　　一位王子为了完成父王交给的特殊任务，独自来到一座城堡，没想到他推开门的瞬间，空中竟飞舞着一双双神秘之手，王子吓坏了。原来，这里是白猫公主的天下。那么，在这座城堡里究竟还隐藏着什么秘密呢？让我们走进故事，去寻找答案吧！

271/ 神秘之手

272/ 白猫城堡

275/ 破解魔法

279/ 幸福到来

X

金发公主 （法国）奥尔努瓦夫人

　　国王爱上了邻国美丽的金发公主，他找来一位美男子替他去向公主求婚，可是公主却找出一个又一个理由来拒绝他，先是让他寻找丢失的戒指，又让他去杀巨人……美男子能完成使命吗？公主最后会嫁给谁呢？

283/ 美男子路上奇遇

285/ 三次大考验

288/ 被囚高塔

小仙女 （法国）夏尔·贝洛

　　有一个诚实善良的小女孩，她常常受到恶母的虐待。一次，她在打水的时候遇到了一位小仙女，小仙女赐给她一种神奇的本领。恶母得知后，立刻让她最爱的大女儿前去打水，可这位心肠不好的姑娘却受到了小仙女的惩罚，她一说话就吐出毒蛇和癞蛤蟆，这可真是一件离奇的事情！

290/ 奇遇小仙女

291/ 恶女孩儿的报应

第一篇 美丽善良篇

白雪公主
Princess

Princess

白雪公主的美丽容貌遭到继母王后的妒忌。恶毒的王后让武士杀死公主，武士却违背了她的意愿，把公主放走了。孤苦无依的公主遇到了七个善良的小矮人，他们渴望一起过上平安、快乐的生活，可阴险的王后会善罢甘休吗？

神奇的魔镜

在遥远的北方，大片的森林中央有一个终年飘雪的国度，这个国家的国王和王后非常相爱。他们都是诚实善良的人，但是结婚多年却一直没有孩子。

于是有一天，他们很虔诚地向上帝祈祷："上帝啊！我们都是好国王和好王后，我们把国家治理得井井有条，臣民安居乐业，可是我们自己却并不比一对普通的农夫和农妇更快乐——因为我们没有孩子。求您赐给我们一个可爱的孩子吧！"

不久，王后果然怀孕了，她生下了一个可爱的小公主，这个女孩实在太美了！她红红的双唇就像娇嫩的玫瑰花瓣，她的头发又顺又亮。特别是她那洁白无瑕的肌肤，白得就像北国的雪一样，因此，她的父母给她取名为"白雪"。

白雪公主在国王和王后的宠爱之下，逐渐长大了，成了一个人见人爱的美少女。可是，好景不长，在白雪公主十四岁的时候，她的母亲生了一场大病，去世了。她和她的父亲都非常难过。

不久，国王就娶了一位新王后。这位新王后是个精通法术的女巫。她虽然很美丽，但是性格暴躁，非常狠毒。

"白雪，这是你的新母后，快叫母后。"国王将新王后带到白雪公主面前。

"母……母后。"白雪公主怯生生地说，这时她正为失去母亲感到悲伤呢，再说她一点儿也不喜欢面前这个女人。

"嗯，你下去吧。"新王后冷冰冰地回答道。

新王后有一面很神奇的魔镜，这是一面会说话的镜子，当你向它提问，它就会告诉你一切你想要知道的事情。新王后住进宫殿后，就在城堡的地下室腾出一个房间，平日里她不允许任何人走近。在这个房间里，王后经常对着那面镜子问："魔镜，魔镜，告诉我，谁是世上最美丽的女人？"

"全世界最美的女人就是您啊，亲爱的王后。"魔镜总是这样回答。

每当听到镜子这样回答，新王后都忍不住得意地大笑起来。宫殿里的仆人们，经常会听到那诡异的笑声……

可是，又过了一段时间，当王后再问魔镜同样的问题时，却得到了这样的回答："您是一位非常美丽的女人，亲爱的王后，但是现在白雪公主比您美得多。"魔镜是实话实说，因为已经长大的白雪公主无疑是世上最美丽动人的女孩儿。可新王后听了非常生气："可恶！我不能允许有人比我更美丽，我一定要把她除掉。"

几个月以后国王远征，新王后暂时成了国家的主人。于是，她找来一位宫廷武士，对他

说："我不想再看到白雪公主，你把她带到森林里偷偷杀掉，并把她的心脏带回来，作为你杀死她的证据。"

"是的，一切遵照您的吩咐。"武士回答。

第二天，武士假装邀请白雪公主出去散步，把她带到森林深处。天真的公主什么都没有发觉，一直背对着武士，蹦蹦跳跳地走在前面。

当武士抽出短剑，想要杀她的时候，正在采花的公主突然转过身来，将一朵白色的小花递给他，并对他说："喏！武士，这是送给你的，来，别再板着脸了，对我笑一笑。"说完，白雪公主对武士露出甜甜的笑容。

看着公主天使般的笑容，武士的手一松，短剑掉在了地上，他单膝跪地，面向公主哽咽着说："公主殿下，王后命令我杀掉您，可是我实在狠不下心……不过就算我今天不杀您，她还是会想别的办法来害您的，所以请您赶快逃走吧！逃得越远越好。"

白雪公主听到这些害怕极了，她对武士说："谢谢你，好心的人……"说完，她便流着泪，向森林深处跑去了。

见到白雪公主走远，武士才放心地离开。他在森林里猎杀了一头小野猪，取出它的心脏，拿回宫殿交差去了。

七个小矮人

白雪公主在无边无际的大森林里走了三天三夜，她又累又饿，森林里野兽的呼喊声、猫头鹰的叫声、北风吹动树梢的声音都让她毛骨悚然，这时她多想躺下睡上一觉啊，可是她不敢，因为她知道，如果现在睡着，即便不被野兽吃掉，也会被冻死。

坚强的公主不愿意放弃希望，她用自己身体里最后一点儿力气继续向前走去。就在她再也走不动的时候，眼前突然出现一点儿微弱的亮光，而这亮光对她而言就好像灯塔一样耀眼。她鼓起勇气，三步并作两步向前跑去。

"啊，是一座小木屋！感谢上帝。"公主又惊又喜地叫道。

公主上前敲门，可是没有人来为她开门。她只好自己把门打开走进去了。进入小木屋后，屋里的空间比她想象得要大些，壁炉里的柴火噼里啪啦地燃烧着，暖和极了。在一张矮矮的长桌下面，整齐地摆放着七只精致的小板凳。

"呀，这里还有一锅没喝完的燕麦粥呢！"可怜的白雪公主，她饿极了，就从上面的壁橱

梦幻童话卷 | 白雪公主

里找出一只小碗，把粥倒进碗里，咕咚咕咚地喝起来，不一会儿，小半锅燕麦粥都被她喝光了。然后，她顺着楼梯上到阁楼，阁楼里并排摆放着七张小小的床。床上铺着柔软的被褥，公主觉得非常疲倦，就想躺在上面休息一下，结果不知不觉地睡着了。

晚上，木屋的主人们扛着锄头回来了——这是七个矮小的男人，他们长得就像三岁的小孩子一样矮，不过他们已经在这个森林里生活了几百年了。几百年来从没有人找到过他们的住处，他们也不喜欢和陌生人来往，他们以采矿为生，日子过得衣食无忧。今天，他们一走进家门，就发现不对劲……

老大说："家里有陌生人的气味……等等，好像还是个女人。呜哇，好臭，好臭……好吧，虽然有一点点香，但是仍然很难闻，这一点你们不能否认。"

老二说："是的，是的，一定有个女人进来过！而且这个女人还坐了我们的小板凳。"

老三也跑过来："我们的燕麦粥也被她喝掉了！"

老四也附和着："她甚至用了我的小碗来喝粥！看我抓住她，一定要她好看！"

老五对此表示不屑一顾："得了吧，你谁也打不过。"

还是老六比较冷静："兄弟们，别吵了，她一定还没走远，我们上阁楼去看看。"

老七躲在一旁结结巴巴地说："你、你们去吧，我、我可不敢去……"不过他还是被他的六个兄弟硬拉上了阁楼。

一到上面，他们就看到了蜷缩在老七床上的白雪公主。她轻轻地打着鼾，睡得正香呢。

"我的天，这个小姑娘长得可真难看啊……好吧，事实上她还是很漂亮的，我是说，必须承认她是我见过的最美的女孩。"老大说。

"是啊，是啊，像这样的女孩，谁见到她都会喜欢上她的，当然，除了像我这样坚强的人以外。"老二说。

小矮人们围着白雪公主纷纷议论，他们说话的声音吵醒了她。公主吓了一跳，一下从床上坐了起来。

小矮人老大质问公主："你为什么闯进我们的房子呢？这给我们带来很大的困扰，真是气死我了……虽然也有一点点高兴吧。"

小矮人老二也跟着说："是啊，是啊，难道你是个没教养的姑娘吗？"

老四挤过来，像在表功一样兴奋地对公主说："你喝粥用的可是我的小碗哦！"

老五在一旁冷冷地说："哼，你刚才不是还想要人家好看么？"

"好心的先生们，真是对不起。因为我在森林中迷路了，走了三天三夜，实在是又饿又累，看见你们的小屋，我就过来敲门，可是没有人应声，我只好自己进来了。"白雪公主很礼貌地解释道。

小矮人老六冷静地问："可怜的姑娘，你为什么会一个人走进这阴冷的森林呢？"白雪公主把事情的经过一五一十地告诉了小矮人们。小矮人们听了，都非常同情白雪公主的遭遇。

"如果你没别的地方可去，那就在这里住下来吧！"小矮人们异口同声地说。

白雪公主听到小矮人们愿意留下她，高兴地说："真是太感谢了！如果让我留下，我愿意在这里为你们做饭、洗衣服、打扫……我什么都愿意做。"

从此，白雪公主快乐地生活在了小矮人们的家里。白天，她会把小木屋打扫得干净整洁。傍晚，当小矮人们完成工作，从森林里回来时，公主已经做好了可口的晚餐等着他们。到了夜里，小矮人们就把那张长桌铺上被褥，让白雪公主睡在上面。时间一天天地过去，小矮人们越来越喜欢善良美丽的白雪公主，也越来越离不开她了。

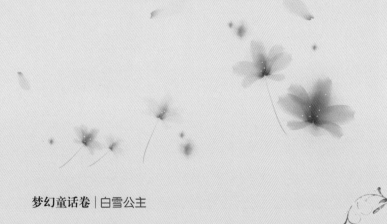

王后的阴谋

　　远征回来的国王发现女儿不见了，就去询问他的妻子，可是新王后对他撒谎："是这样的，亲爱的，那天，那个顽皮的孩子去森林里散步，不巧遇上了狮子，当时跟随她的侍从都逃命去了，然而就在逃走的途中，她被裙子绊住了脚，结果被那野兽追上吃掉了，白雪啊，我可怜的孩子……"

　　国王听了心中悲痛欲绝，瘫倒在地上。新王后也假装哭泣起来。

　　后来有一天，王后又去问魔镜："魔镜，魔镜，现在谁是世界上最美丽的女人呢？"魔镜回答说："王后，您很美丽，可是白雪公主比您更美丽，她现在在森林中和七个小矮人过着快乐幸福的生活。"一听这话，王后的脸色顿时变得铁青。那个女孩竟然还活着！愤怒和恐惧让王后全身颤抖，"那孩子要是跑回来告发我该怎么办？国王肯定不会饶过我。我必须杀了她，如果过去我杀白雪是出于内心的嫉妒，那么这次则是为了自己的名誉和生命了。"新王后这样想。

　　想到这里，她在脸上抹了些锅底灰，套上破烂的衣服，化装成一个老太婆。然后拿起一个篮子，偷偷地潜出城去。要知道，她的篮子里装着一些有魔力的物品，那些都是她拿来害人的玩意儿。

　　王后翻过了七座山，越过七条河，终于来到小矮人们住的地方。她"咚咚咚"地敲了敲门，在门外大声叫起来："谁买衣服啊？漂亮又时髦的衣服有人来买吗？"

　　白雪公主从窗口看到王后，觉得很纳闷："这老婆婆怎么会在这森林深处叫卖呢？好奇怪，不过我已经很久没和外人说过话了，她说她有漂亮的衣服卖……"想到这里，公主放松警惕，打开了门。

　　"哎呀，好可爱的小女孩，来看看我的衣服吧，你喜欢哪一种颜色呢？对了，这件上衣多美啊，我来帮你穿上好吗？"老婆婆对白雪公主说。

　　"好吧，就让我来试试，老婆婆，这

件衣服真的很好看。"

单纯善良的白雪公主让王后为她穿上衣服。可是衣服穿在她身上却变得越来越紧，让她觉得胸口闷得难受，最终，她被勒得昏死过去了，王后这才满意地笑着逃走了。

接近天黑的时候，小矮人们回来了，他们发现白雪公主倒在门口——这可把他们吓坏了，他们不停地叫她，推她。可是白雪公主一点儿反应都没有。就在大家束手无策的时候，冷静的小矮人老六突然发现公主身上穿着一件没见过的上衣，便赶忙将衣服的纽扣松开，公主咳嗽了几声，这才重新活了过来。小矮人们见公主醒来，都高兴地大声欢呼，互相拥抱。

小矮人们关切地询问白雪公主发生了什么事情，公主将刚刚的遭遇告诉了他们。

"真是可怕啊！那个老太婆一定就是可恶的王后。"小矮人老大气呼呼地说。

"是啊，是啊，不过还好，总算保住了一条命。下次不管是谁来敲门，你都不要开。"小矮人老二告诫公主。

王后气喘吁吁地赶回宫里。"这次没问题了！那孩子不可能再活过来了。"她虽然这么想，但心里还是觉得有些不安，于是便拿出魔镜来确认："魔镜啊，魔镜，现在谁是这个世界上最美的女人？"王后祈求答案会是自己，可是魔镜却回答说："皇后啊，在宫里您的确是最美的女人，可是在这个世界上，最美的女人是住在七座山外的白雪公主。"

"啊呀！怎么会这样？我一定要杀了她！"王后气急败坏地喊道。

第二天，王后又化装成另外一个老太婆，拿着篮子，翻过了七座山，来到小矮人们的家。然后又扯开嗓子嚷了起来："谁买梳子啊？漂亮的梳子……"

"老婆婆，你来做什么？"白雪公主这次只把门打开一条细缝。

"卖梳子呀，我有漂亮的梳子，你想不想瞧瞧？"王后拿起了一把精致的梳子，上面镶着闪闪发光的宝石。

"这梳子真漂亮啊……"公主接过梳子欣赏着。

"你的头发才更美呢，我来帮你梳梳头吧。"王后说着，就把梳子插在了公主的头发上。梳子上的毒性立刻发作，公主随即倒地不起。王后见状便迅速逃跑了。

晚上，小矮人们回家一看，公主又昏死在地板上。幸好老六注意到公主头发上有把过去没见过的梳子，他将梳子拔了出来，公主渐渐苏醒了。他们又高兴地搂在一起。

小矮人老大郑重地对公主说："以后真的不能再给陌生人开门啦！不然可真就没命啦。"白雪公主点了点头。

王后气喘吁吁地赶回宫殿里，再次询问魔镜，想不到魔镜的回答还是一样："王后啊，世界第一的美人还是七个小矮人家里的白雪公主……"就在这时，王后心中仅剩的最后一丝理智也丧失了，她叫嚣着："白雪公主，就算是赔上性命我也要杀死你！"

再次迫害公主

王后打算再一次迫害白雪公主。她知道白雪公主最喜欢吃苹果，于是就弄来一个非常好看的苹果，这只苹果正好有半边是红色的，半边是绿色的。她把毒药涂抹在红色的一边，然后化装成一个与前两次都不一样的老太婆，又来到小矮人们的住处。

王后来到小木屋前敲敲门，接着便大声叫嚷："苹果，苹果！谁买好吃的苹果？"

"我不能和陌生人说话。"好奇的白雪公主把门打开了一条缝，从里面探出头说。

"没关系，不说就不说，反正这些都是卖剩的，带回去也没用，就送给您一个吧，尊贵的小姐，好啦，我要走了。"说着，王后便把毒苹果从门缝塞了进去。

这次白雪公主迟疑着，没敢接。

"您以为我放了毒药吗？那么这样吧，我先吃一半，剩下的一半留给您吃。"

说着，王后把苹果切开，自己先吃掉绿色的一半。白雪公主看她吃得那样香甜，再也忍不住了，说了声："谢谢！"便拿过那半边红色的苹果送进嘴里，结果才吃一口就痛苦地倒地不起。

　　"这是比上次强上好几倍的剧毒，你是不可能再活过来了！哈哈……"王后狂笑着逃走了。

　　回到宫殿的王后马上向魔镜询问谁是世界上最美的女人。这次魔镜回答："王后啊，这个世界上最美的女人就是你，还能有谁呢？"王后倒在椅子上长舒了一口气："我终于杀死白雪公主了！那个怎么也杀不死的小妖精终于从这个世界上消失了，哈哈……"

　　那天晚上，小矮人们像往常一样回到家里，看见倒在地板上的白雪公主，他们再一次陷入慌乱。大伙儿急急忙忙地在公主身上摸索，看有没有什么奇怪的玩意儿，但这次他们什么都没有发现，小矮人们放声大哭。

　　守了公主三天三夜，小矮人们决定将她火化。他们找来了柴薪，可是谁也不愿先点火。

　　"对了，我们还是把她放进玻璃制的棺材里吧！这样她就会永远美丽了。"小矮人老六提议说。

　　其他矮人都很赞同。于是他们在森林中的工坊里又工作了三天三夜，打造了一口晶莹剔透的玻璃棺材，然后在上面用黄金嵌上白雪公主的名字，以表明她的皇室血统。小矮人们在棺材里撒满玫瑰花瓣，把公主放了进去，然后把棺木运到山顶上，每天晚上都派人轮流看守。山上的小动物们也轮流前来哀悼。

　　就这样又过了三天，他们还是不忍心将公主下葬。这时的公主，表情仍然和以前一样生动：玫瑰般的红唇，雪一样白净的肌肤，头发还是那么乌黑发亮，脸上挂着动人的笑容。

公主复活

  第四天，当小矮人们正准备埋葬白雪公主的时候，一位年轻英俊、举止优雅的男子出现在山顶上，他腰间佩着剑，身上穿着华丽的衣服。小矮人们上前询问，这才知道他原来是邻国的王子，外出狩猎时迷了路，才走到这里。看到小矮人们和动物们都在为一个人哀悼，王子便走上前去，当他看到白雪公主的时候，立即被眼前奇妙的玻璃棺材和棺材里面天使般的美人吸引住了。他把小矮人们叫过来询问事情的原委，小矮人们一五一十地跟他说了。王子知道事情的经过之后，被公主坎坷的命运深深地打动了。他表示也要对公主进行哀悼，他含着泪水悲伤地注视着白雪公主，说："高贵的公主，请接受我最诚挚的哀悼，原谅残酷的命运吧。愿上帝与你同在。阿门！"最后王子向白雪公主献上了美丽的花束，和他自己深情的一吻。

  就在王子亲吻公主嘴唇的一刹那，奇迹发生了。白雪公主猛烈地咳嗽起来，并从口中吐出了吃进去的苹果，睁开了明亮的双眸，并逐渐恢复了体温。

  "我这是在哪儿？"白雪公主苏醒了过来，好像是从长睡中醒来一样。

  "你们看到了吧！白雪活过来了！白雪复活了！"小矮人们欢呼起来，连旁边的动物们也兴奋地雀跃着。王子更是满心欢喜，他没想到自己的一吻竟救活了白雪公主。

　　王子向白雪公主说明了他的来历之后，握着公主的双手，温柔地说："高贵的公主，看到你的第一眼时我就爱上你了。我想永远保护你，使你免遭苦难。你愿意和我一起回宫，做我的妻子吗？"

　　白雪公主见到王子也立刻喜欢上他，便着怯地点头答应了王子的请求。

　　见到这感人的一幕，小矮人们和森林里的动物们手舞足蹈地为王子和白雪公主庆祝起来。

　　王子和白雪公主向小矮人们和森林里的动物们一一告别，然后王子将公主扶上马，一起向山下走去。

　　"先生们，感谢你们对我的照顾，我会永远记得你们的。"白雪公主坐在马背上，含着眼泪对小矮人们说，"祝你们幸福，再见！"七个小矮人一直目送他们离去，不停地挥手，久久不忍离去，直到再也看不见他们为止。

　　那位坏心眼的王后，自从毒害了白雪公主之后，以为公主死了，就很少再用魔镜了。这天，她心血来潮，又将魔镜拿出来询问："魔镜，我是当今世上最美丽的女人吗？"

　　魔镜回答说："您是世界上第二美的美人，当今世上最美的人要数邻国王子的准新娘——白雪公主，要问你们的差距在哪儿，我只能告诉您，她比您美丽一千倍。"

　　"啊！她居然还没死！"气急败坏的王后将魔镜摔了个粉碎，疯狂地拉扯着自己的头发，一会儿哭，一会儿笑，最后疯疯癫癫地跑出了王宫。从那天开始，再也没有人见过她。

　　后来，邻国的国王和王后为白雪公主和他们的儿子举行了盛大的婚礼，全国上下一片欢腾。白雪公主的父王和小矮人们也被邀请来参加婚礼，在人们的祝福声中，王子和白雪公主甜蜜地生活在一起，一直到永远。

睡美人

Princess

Princess

　　一位美丽的公主在她降生后不久受到了可怕的诅咒，这个诅咒在十五年之后应验了，美丽的公主在布满荆棘的古堡中整整沉睡了一百年——她受到了谁的诅咒？又有谁能将这位沉睡的公主唤醒？

恶毒的诅咒

　　很久以前，在一个美丽富饶的国家里住着一位国王，他和王后结婚很久了却一直没有孩子，他们为此非常苦恼。

　　有一天，王后在小河里游泳，突然一条小鱼浮出水面来对她说："看您的样子这么忧伤，有什么难处吗？也许我能帮帮您。"

　　王后吃惊极了，但她还是抑制住内心的惊恐，回答道："说到难处，我亲爱的鱼儿，如果我能像别人一样，拥有一个可爱的孩子，那我该多么幸福啊！"

　　小鱼说："善良美丽的夫人啊，这有何难？您的愿望就会实现了，不久后您将生下一个女儿。"说完，小鱼就消失了，王后呆呆地望着水面，惊讶了很久，尽管这样，她还是愿意将希望寄托在这条神奇的小鱼身上。

　　过了一段时间，那条小鱼的预言实现了——王后真的生下了一个粉雕玉琢的小女孩儿。国王高兴极了，他时时刻刻都抱着小公主，简直爱不释手。教堂的钟声敲响了，宣告皇室新成员的诞生。洪亮的钟声传到了市集上商人的耳中，传到了乡间耕田的农夫的耳中，传到了

在森林深处伐木的樵夫的耳中……

　　为了庆祝可爱女儿的降生，国王决定在孩子接受洗礼的当天，举行一次大型宴会。为此，他邀请了所有能请到的亲朋好友、王公贵族以及外国贵宾，此外，他还邀请了全国的仙女，让她们为他的女儿送来美好的祝愿。可是，他的王国里一共有十三位仙女，而他只有十二个金盘子来招待她们，所以他想了想，就只邀请了十二位仙女，留下一位坏心眼的仙女没有邀请。

　　那天，就在小公主的洗礼结束后，所有宾客都被引入宴会大厅。大厅中央有一张大理石长桌，长桌上摆放着各式金银餐具和成桶的葡萄酒。镶着金边的大碟子里，盛放着珍贵果品和鸡鸭鱼肉，东西多得几乎没地方可摆。

　　在这盛大的宴会上，宾客们穿着华丽的礼服，踩着轻快的舞步，尽情地享受着这一时刻的幸福。各位来宾都给这位小公主送上了最好的礼物，比如昂贵的珠宝、华美的衣裙、精巧的玩物……仙女们也一个个地送给她最好的祝福。

　　第一位仙女说："我祝小公主拥有最美的容貌，让所有人都为她倾倒。"

　　接着第二位仙女说："我愿公主拥有像天使一般慈悲的心肠，所有人都会爱她。"

　　然后第三位仙女说："我愿公主成为全天下最优雅的淑女。"

　　第四位仙女接着说："我愿公主比任何人都更会跳舞。"

　　第五位仙女祈求公主有美妙的声音；第六位仙女则祝福公主有演奏乐器的天赋……前面十一位仙女几乎将所有女孩子该有的优点都送给了这位幸福的公主。当第十二位仙女舔了舔

手上的巧克力酱，刚要说话的时候，有一个扇着蝙蝠翅膀的老女人，不顾门卫的阻拦闯了进来——她就是第十三位仙女，也就是那位没有被邀请出席宴会的坏仙女。这位坏仙女心胸非常狭隘，她对于自己没能被邀请出席公主的洗礼非常不满，想要对此进行报复，并送上恶毒的诅咒，所以她进来后就大声叫道："我预言小公主在十五岁时将会被纺锤刺伤手指，并当场毙命！"说完，坏仙女一转身就离开了宴会大厅。

听到这样残酷的预言，王后顿时昏倒在地，国王强作镇定，红着脸大声斥责道："她——她真是扫兴！公主会死？哈哈，这怎么可能！"

就在众人一片哗然的时候，刚才还没来得及为公主献上祝福的第十二位仙女走到国王面前说："请陛下不必担心，虽然凭我的力量没办法消除刚才的预言，但我可以尽力地化解它将带来的不幸——尽管公主还是会被纺锤刺伤手指，但她却不会因此而死亡，她只会长时间地沉睡过去，而且一百年后，一位王子的出现可以改变她的命运——将唤醒她，并娶她为妻。"

大家这才松了一口气，然而先前那种欢乐的气氛已经不复存在了。宾客们一一告辞离席，只留下国王和王后愕然地待在空荡荡的大厅里。

王后此时已经吓得发抖，她痛哭着哀求她的丈夫："亲爱的，求求你一定要保护我们的孩子，让她免受命运的捉弄。"

国王抱紧了他的妻子回答说："你放心，我会尽一切力量保护她的。"

为了使自己的女儿免遭不幸，国王下令将王国里所有的纺锤都集中起来，并把它们全部销毁。接下来的好多年里，都没有发生不幸的事。小公主在王宫里快乐、自由地生活着。

梦幻童话卷｜睡美人

沉睡的城堡

随着时间的流逝，女巫师们的祝福都在公主身上应验了——公主的确如她们所预言的那样，渐渐长成了一位容貌美丽、个性温柔，而且擅长跳舞的优雅少女。

转眼公主十五岁了，有一天国王和王后都不在家，她独自留在王宫里。

公主兴奋极了，她在宫里到处穿来穿去，大小房间都让她看了个遍，最后，她来到了一座古老的钟楼里。钟楼里面有一座很狭窄的楼梯，楼梯尽头有一扇门，门上插着一把金钥匙。当她转动金钥匙时，门一下子就弹开了，一位老婆婆正坐在里面忙着纺纱——这就是那位当年在公主接受洗礼的时候送上恶毒诅咒的坏仙女。公主看见她便好奇地问道："老妈妈，您好！您这是在干什么呀？"

"纺纱。"老婆婆微笑着点了点头回答说。

"这小东西转起来真有意思！我也想试试，可以吗？"公主又问。

"好啊，漂亮的姑娘，女孩子总该学学纺纱的……"老婆婆回答。

好奇的公主急忙上前拿起纺锤想要纺纱，但她的手一碰到纺锤，立即就倒在地上失去了知觉，以前的咒语真的应验了！坏仙女以为公主已经死去，便扯起长袍，刮起一阵黑风，狂笑着飞走了……

然而，公主并没有死，只是倒在那里沉沉地睡去了。她虽然不省人事，但是气色却依然红润，双颊泛着蔷薇色的红晕，嘴唇也像珊瑚般晶莹剔透，简直就像下凡的天使。

这件事发生的时候，参加公主洗礼的第十二位仙女——也就是那位搭救公主性命的仙女，正在距离城堡一万公里远的国家里。当她得知这个消息以后，立刻坐上天鹅驾驶的飞车，昼夜兼程地赶回城堡。

她抵达城堡时，看到公主并没有死去，感到非常满意，但是她又担心万一公主醒来后身边空无一人，岂不是非常孤单寂寞？于是善良的仙女拿着手中的魔法棒，在城堡里的每一样东西上面挥了挥，贵族、大臣、随从、侍女、仆役、管家、厨娘、卫兵、马夫、园丁，甚至马厩里的马匹、鸡舍里的鸡群，还有公主最喜欢的那只小狗……凡是被仙女的魔法棒碰到的东西，都立刻进入了沉睡。就连炉灶里噼里啪啦燃烧着的柴薪也突然安静了下来，微风不再流动了，院子里的花草树木也都陷入了静寂。这时国王和王后回来了，他们走进大厅后也跟着睡着了。

所有的一切都静止不动，全都沉沉地睡去了。只有蔷薇在城堡四周不断地伸展；布满荆棘的藤蔓交错盘踞，不管是人还是动物看到了都会望而却步。蔷薇长得很快，不久便覆盖了整个建筑，城堡就这样被渐渐淹没了。安排好这一切，善良的仙女才微笑着点点头，放心地离开了。

时光匆匆流逝，一年又一年过去了。偶尔会有到附近狩猎的王公贵族们在看到森林深处的高塔之后，好奇地询问当地的村民。村民的回答各有不同，每个人都诉说着自己听来的传闻。有的说那是座幽灵出没的城堡；有的说那是仙女们聚会的地方；更有些人说那里住着吃人的魔鬼，专门在半路上抓走小孩，将他们活活吃掉。

同样，城堡里沉睡着一位美丽公主的传言也慢慢流传开来。不少国家的王子在听到这个传言之后，都纷纷前来造访，试图拨开那茂密的蔷薇丛，但他们最终都没能成功。那些蔷薇就像手臂一样，紧密地交错着，人一旦陷入其中，就无法脱身，只能在里面悲惨地死去。尽管如此，听到公主的传说后前来冒险的青年还是络绎不绝。

公主苏醒

　　就这样，整整一百年过去了。有一天，又有一位王子踏上了这块神秘的土地。年轻英俊的王子来到森林深处打猎，在距离睡美人城堡不远的地方迷了路，于是，他向一位路边的老人问路："老伯伯，请问那座尖塔的下面是什么地方？"

　　"年轻的贵族啊，在那些茂密的蔷薇丛的另一头有一座城堡，里面沉睡着一位美若天仙的公主，听说一百年之后，会有一位王子前来唤醒公主，然后和公主结婚。过去也曾有不少王公贵族家的公子前来探寻，但最后都被困在蔷薇丛里，没人能活着回来。"老人这么回答他。

　　多么浪漫而迷人的故事啊！王子心里想：我一定要救出沉睡的公主，看看她美丽的容颜。王子从小就跟着老师学习剑法，而且还多次参加剑术比赛，所以他对自己很有信心。"我一定要去那座城堡，老伯伯，请您告诉我，现在该怎么走？"

　　老人一再劝阻王子，但是王子根本听不进去。老人无奈，只好将通往城堡的捷径指给他。

按照老人的指示，王子很快来到了城堡，而这时正好是公主陷入沉睡之后的第一百年———分一秒也不差。所以当王子走近那可怕的蔷薇丛时，那些长满了荆棘的巨大的蔷薇花，竟然自动开出了一条刚好可以容纳一个人通过的小径，王子就顺着小径走了进去。

王子穿过城门，步入前院。里面安静得一点儿声音都没有，所到之处都是阴森森的，还有许多人和动物躺卧在地上。他怀着不安的心情，继续向城堡里面走去，当他看到站在门边的卫兵手上还拿着装有葡萄酒的玻璃杯时，这才发现原来他们都只是睡着了。

接着，王子通过铺有大理石地板的大厅，爬上了阶梯，走进卫兵的房间。卫兵们扛着火绳枪，整齐排列着，而且都在打鼾。他继续穿越更多的房间，见到许多王公贵族和贵妇，他们或坐或站，也都沉睡着没有醒来。

最后，王子终于来到王宫最深处，进到一间最豪华的房间里，那里有张挂着薄绢帘幕的大床。他按捺住急速的心跳，掀开了帘子，只见床上躺着一位绝世美女，身上还穿着华贵的礼服，年纪大约只有十五六岁。公主的肌肤透出蔷薇色的光泽，两颊红润，嘴唇如同饱满的红珊瑚。

"啊，我这辈子从没见过这样美的女孩！"王子这样想着，便忍不住俯下身来，吻了吻公主的嘴唇。

就在这一刻，奇迹发生了，魔咒被解除，长眠的公主突然醒了过来。

"咦？你是谁？"刚刚醒来的公主被眼前的王子吓了一跳，如此问道。

"我……我是一位王子。我路过此地，听到了关于您的传说，特地前来看您的。"王子激动地回答。

"哦？是你救了我么？"公主对王子说，"我等你很久了。"

"等我很久？可……可是我并不认识您呀！"王子激动得语无伦次起来。

公主爽朗地笑了起来，她将仙女的预言和自己的遭遇一股脑儿地告诉了王子，王子这才恍然大悟。两人尽情地聊天谈笑，好像有永远谈不完的话题。

与此同时，笼罩城堡的蔷薇花全都向地下退去，宫殿里的人们也一个接一个地醒过来了，大家就像什么事都没有发生过一样，继续做着自己手头儿上没干完的活儿。过了一会儿，侍女准备好了餐点，来叫公主用餐。公主牵着王子的手，向餐厅走去。餐厅里国王和王后早已就座，见到心爱的女儿，他们眼中流出喜悦的泪水———他们等待这一天已经很久了。看到一同前来的王子有着俊朗的外表、非凡的风度和优雅的谈吐，国王和王后都很满意，他们知道这位王子一定能够带给女儿幸福。王子和公主在侍从的服侍下开始用餐，不过没有人能打断他们的谈话，他们都沉醉在爱河中，深情地凝视着对方。

不久，国王为王子和公主举行了盛大的结婚典礼。他们就这样幸福快乐地生活在一起，一直到老去。

美女与野兽

Princess

Princess

温柔、美丽的少女贝儿为了解救父亲，决定留在一头野兽身边。没想到外表冷酷的野兽竟然有着一颗善良孤独的心。在与野兽一起生活的日子里，她发现了野兽的一个秘密，从此他们的命运变得不再平凡。

昂贵的玫瑰花

很久以前，在大森林的尽头有一座城堡——那真是一座金碧辉煌、雄伟壮观的城堡。可是谁也不愿靠近它，因为人们都说这座城堡的主人是一头凶残的野兽。他会把靠近城堡的人和动物都抓进去，然后把他们统统吃掉……

在城堡附近有一个村落，村子里住着一位商人，他有三个漂亮的女儿，他视她们为掌上明珠。有一天，商人打算去很远的地方做生意，临行前，他问三个女儿："我的小公主们，你们希望我为你们带回什么样的礼物呢?"

"我想要一串珍珠项链!"大女儿不假思索地回答。

二女儿也急忙对爸爸说："爸爸，我想要宝石戒指!"

商人最疼爱的小女儿名叫贝儿，她是一位美丽、善良的女孩。她对商人说："亲爱的爸爸，我不想要别的，请给我带一朵美丽的玫瑰花回来吧。"

当时正值隆冬时节，花儿都谢了，到哪里去找玫瑰花呢! 可商人知道小女儿对花儿情有独钟，不管怎么说，她只想要一朵玫瑰花而已，所以商人还是点了点头，答应了贝儿的要求。吻别三个女儿之后，商人就出发了。

一个月以后，商人做完生意，满载而归。当他返程回家时，已经为大女儿和二女儿买到了她们所要的珍珠项链和宝石戒指，可他无论如何都不能为他最疼爱的小女儿找到一朵玫瑰花——当他到花园里寻找玫瑰花的时候，人们都嘲笑他，问他是不是认为玫瑰花是在冬天里开放的!

为了可爱的女儿，他并不在乎被人们嘲笑，他心里仍然想着，回去时该给贝儿带点什么。就这样，他不知不觉地走进了附近的城堡里——这里虽然离家不远，可慑于那个可怕的传说，他从来没到过这里。

城堡四周都被花园环绕着。那座奇特的花园一半是严寒的冬日，另一半却温暖如春; 一边是花草荒芜，白雪覆盖的景象，另一边则开放着各种美丽的鲜花。商人不由得惊叹道:"啊! 我真是太幸运了!"

此时，他已经完全忘记危险，一步步走进花围，采了一朵最鲜艳的玫瑰花。可是就在他准备离开的时候，一头凶猛的野兽跳了出来——他穿着贵族的衣服，身高足有两米，他的头很大，脸长得就像狮子一样，嘴里还有长长的獠牙，样子吓人极了! 此刻，他正用血红的眼睛瞪着面前这个可怜的小商人，咆哮着说:"真是无礼! 胆敢闯进贵族的宅院偷摘玫瑰花，我要吃掉你!"

商人吓坏了，他战战兢兢地回答说:"看在上帝的份儿上，饶恕我吧，我不知道这座花园是属于您的，有什么办法能救我一命吗?"

那野兽说:"办法倒是有一个。"他缓和了一下语气:"除非你答应把你回家时最先看到的东西送给我。如果你同意这个条件，我就不吃你，连玫瑰花也送给你。"

商人非常为难，他说："我的小女儿最爱我，每次回家她总是最先跑出来迎接我，我回家最先遇到的很可能就是我的小女儿。"

野兽耸耸肩说："那我就没有别的办法了，你只能祈祷自己最先遇见的是一只猫，或者是一条狗。记住，别想要花样，我的魔镜会告诉我一切！"

无奈之下，商人怀着无比沉痛的心情和一丝侥幸心理，答应了野兽的条件，并向野兽承诺，把自己回去时最先见到的东西送来。

就在商人走到家门前时，他那最可爱的小女儿首先从窗口看到了他，并且立刻从屋里飞跑出来，热情地拥抱她的父亲。当她看到父亲手上的玫瑰花时，就更高兴了，一把夺过玫瑰花，纵情地闻着花香，甚至还抱着父亲的脸使劲地亲了一下："谢谢您，爸爸，我就知道您不会让我失望的。"

但她的爸爸却开始忧愁起来，他悲叹地说道："上帝啊！我最亲爱的孩子！你可知道，这朵花是我用多么高昂的代价买来的吗？为了它，我已经答应把你送给附近城堡里那头凶猛的野兽了。"说完，商人把事情的经过告诉了他的小女儿。

"我豁出性命也要保护你，无论如何我都不会把你送给野兽的！"商人激动地说。

懂事的贝儿听了之后，安慰父亲说："亲爱的爸爸，你必须履行自己的诺言。我要到野兽那儿去，并设法驯化他，他也许会让我安然无恙地回家来的。"

第二天早晨，贝儿问清楚方向，就告别了父亲，勇敢地踏进了森林。

和野兽在一起的日子

其实，和贝儿的父亲做交易的那头可怕的野兽，是一位被施了魔法的王子。他被恶毒的仙女变成了野兽的样子，并恶狠狠地告诉他："除非你能在世界上找到一个真心爱你的人，否则的话你将永远不会变回王子的样貌！"从那以后，王子一直孤独地住在那座城堡里。因为他觉得自己的样貌实在太丑陋了，所以不愿意看到任何人。

第二天，当贝儿来到城堡看到凶猛丑陋的野兽时，着实吓了一跳。她情不自禁地坐在大厅里哭了起来。因为她相信，天一黑怪兽就会把她吃掉。那野兽长得实在太丑了，而且看上去一点儿也不友好。不过，他看似凶狠，却并没有伤害自己，实际上，当贝儿进来时，他就以迎接贵宾的礼仪，在门口铺好红地毯，站在那里非常有礼貌地迎接她了。见到贝儿如约而至，他还对她深深地鞠了一躬："可爱的小姐您好，欢迎来到玫瑰城堡！"

"您……您好……"贝儿战战兢兢地还礼。

一开始，她很害怕这个相貌丑陋的野兽，可是经过简单的交流，贝儿发现这只野兽并不

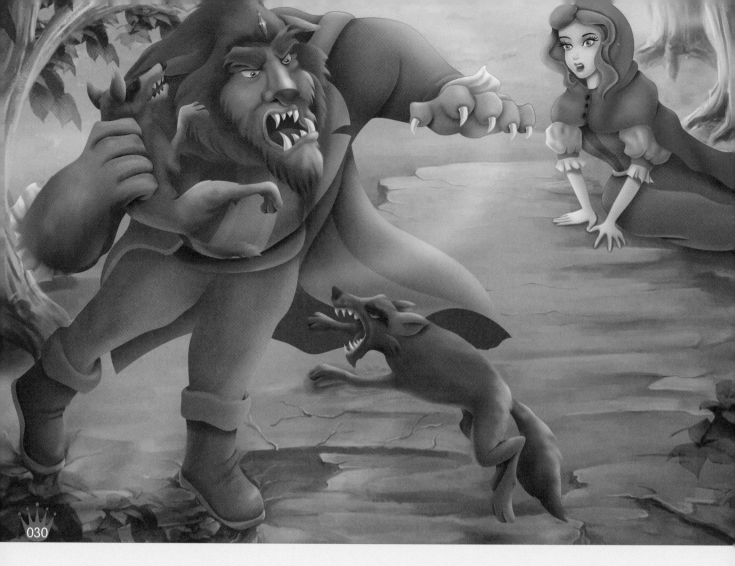

想伤害她。他显得彬彬有礼，还亲自把贝儿带到了她的房间。

看到自己的房间，贝儿惊呆了——房间布置得好漂亮啊！精美的小床上垂着轻盈的薄纱帷幔，衣橱里已经准备好了各种各样华美的礼服，旁边梳妆台上还摆着一瓶鲜花，透过天鹅绒窗帘向外望去，能看到这里最美丽的风景……天哪，这简直就是公主的房间！

此后的日子里，野兽从来没有伤害过贝儿，不仅如此，他还让自己的仆人去伺候贝儿，把贝儿的一切都照顾得很周到。

贝儿在城堡里生活得非常好。每天晚上，野兽都会和贝儿见面，两个人一起跳舞、唱歌、聊天，相处得非常融洽。贝儿的到来使野兽渐渐变得开朗了许多。贝儿呢，在玫瑰城堡里住了一些日子以后，她发现自己不但不讨厌野兽，反倒越来越离不开他了。就这样，他们在一起幸福地生活了好些日子。

野兽受伤了

一天晚饭后，贝儿独自来到森林里散步，走着走着，突然从林中跑出一群野狼，它们凶恶地望着贝儿，一步步地逼近她，贝儿害怕极了，吓得一动也不敢动。只见领头的那只狼一跃而起，朝她扑了过来……

就在这个时候，只听"嘭"地一声，那只大灰狼整个身体朝反方向飞了出去，重重地摔在地上，"嗷嗷"地惨叫着。"啊，是你！"贝儿惊叫道。原来是野兽及时赶到，解救了贝儿。"是的，是我，你没事吧？"野兽紧紧搂住贝儿的肩头。"快看，后面！"贝儿推开了野兽，提醒他身后还有一只野狼扑了过来。野兽把贝儿往身后一推，回身又是一拳，又一只野狼飞了出去……他就这样一面击打野狼，一面拼命保护着贝儿。最终，狼群被打跑了，可是，野兽的身体也被锋利的狼牙咬伤了，鲜血不住地往外流。

看到野兽为自己受伤，贝儿难过极了，贝儿把受伤的野兽扶到城堡里，无微不至地照顾他，在贝儿的悉心照料下，野兽恢复得很快。那段日子是野兽有生以来最幸福的时光——他生平第一次感受到被别人关怀的快乐。

一天，野兽送给贝儿一面镜子，并对她说："送你一件礼物，这是一面魔镜，你可以从里面看到任何你想看到的事物。这是我祖父的祖父留下的宝物，现在它归你啦！"

贝儿高兴极了，她接过魔镜，礼貌地说："谢谢，我还从没有收到过这么好的礼物！"

魔镜成了贝儿最喜爱的玩物，她每天都会拿起魔镜看——看山川河流，看森林里的动物，看热闹的集市……看呀看呀，总也看不够。

有一天，贝儿忽然想起了爸爸和姐姐："也不知道他们现在怎么样了，我为什么不用这面神奇的魔镜看看他们呢？"想到这里，她赶紧拿出魔镜，向里一瞧："天哪，这不是我的爸爸吗？他怎么病成这样啦？"镜子里，贝儿的父亲正躺在病床上，脸色苍白，看上去十分憔悴，嘴里还喃喃地呼唤着贝儿的名字。贝儿知道，父亲太思念自己了，所以才会生病。想到不能在身边照顾父亲，贝儿伤心极了。

"哦，爸爸，可怜的爸爸……"贝儿抱着镜子哭了起来。

"你这是怎么了？贝儿，快别哭，我会心碎的！"野兽听到哭声，马上跑过来安慰贝儿。

"野兽，你不知道我有多伤心，爸爸因为想念我已经病倒了，求你让我回家探望他吧。"

"这……好吧，但你必须尽快回来，因为……你大概已经知道，我之所以会变成这副模样，完全是因为我被施了魔法，而你就是能够帮助我化解魔法的人，假如你离开我太久，我会因为你而死去的。"

"放心吧，我怎么会舍得让你死去呢，我的好朋友，我只是回家住一个星期，陪陪父亲，很快就会回来的，我会帮你解除魔法的。"贝儿摸着野兽的脸说。

破除魔法

第二天，贝儿回家了，村庄里的人见到她都格外高兴，他们还以为她早就被野兽咬死了呢！贝儿告诉他们，自己现在生活得很幸福，那个野兽对她很好。

回到家以后，两个姐姐看到她穿得像公主一样，都羡慕不已。她们羡慕贝儿的漂亮衣服，尤其是当她们听说贝儿生活得很幸福后，她们对妹妹的忌妒心更强烈了。"妹妹，"大姐对二姐说，"我想出一个主意，我们想办法留她超过一个星期，她那愚蠢的怪兽就会因为她不守诺言而发怒，说不定就会把她吃掉的。""你说得对，姐姐！"二姐说，"为了这个目的，我们必须讨好她。"她俩商量好以后，又来到贝儿的屋里，百般地对她表示亲热，使贝儿高兴得都流出了眼泪。一个星期过去了，贝儿该走了，两个姐姐揪着自己的头发，装作非常悲伤的样子，贝儿不想让姐姐们难过，只好答应她们再住一个星期。

就这样，贝儿每天陪爸爸聊天，和姐姐玩耍，日子过得很快，她把临走时对野兽说过的话全给忘记了……

这天，贝儿正在家里开心地和父亲说笑，她把在城堡里发生的事情一一讲给父亲听。说

着说着，她突然想起了临走时野兽对她说过的话："你一定要尽快回来！"离开这么长时间，不知道野兽现在怎么样了。她拿出了野兽给她的那面魔镜，向里一看：天啊！野兽躺在地上已经奄奄一息了！

看到这里，贝儿再也坐不住了，她顾不上和家人道别，马上向城堡方向跑去。她一直跑进城堡里，找到了野兽，此时，他倒在地上，紧闭着双眼，已经十分虚弱了。贝儿来到野兽身边，悲伤地看着他，心里十分难过，眼泪不停地流下来。她抚摸着野兽的脸庞，哭泣着说："都是我不好，我不应该离开你那么久！请你不要死！因为我喜欢你啊，我想永远和你在一起！"贝儿刚刚说完这句话，就看见宫殿里燃起了耀眼的烟火，把整座宫殿照得通明；接着又响起了音乐，到处都呈现出一派节日的景象。但是，正在为野兽的生命危险而战栗的贝儿无心欣赏这些美景。当她回过头再看她亲爱的野兽时，别提有多吃惊了！野兽已经不见了，躺在她脚下的是一位同爱神一样漂亮的王子。王子看着惊诧的贝儿，赶紧向她解释："亲爱的贝儿，是一个恶毒的仙女给我施了魔法，把我变成了一副野兽的模样。她说直到一个漂亮的姑娘真心爱上我，并愿意嫁给我时，魔法才能解除。而你，亲爱的贝儿，是这个世界上唯一没有被我的相貌吓跑而被我的性情打动的人。就算我把自己的王冠献给你，也报答不了你对我的恩情啊！"

后来，王子和贝儿在所有人的祝福下举行了盛大的婚礼，他们还把贝儿的父亲和姐姐接到了城堡里，一家人幸福地生活在一起，从此再也没有分开过。

拇指姑娘

Princess

Princess

美丽的拇指姑娘从一朵花里出生了，可是自从她出生之后，就遭遇了一连串的不幸：先被癞蛤蟆抢走，又被金龟子抛弃，可恶的鼹鼠又来逼婚……可怜的拇指姑娘该怎么办呢？她是那么柔弱、娇小，她会勇敢地与命运抗争吗？

拇指姑娘的诞生

从前有一个女人，她非常希望自己能有个女儿——哪怕她的个头只有拇指那么大也好啊。可是，就连这样一个孩子，她也一直没有得到。为此，她不得不找到附近的女巫，向她求助。她对女巫说："我非常想有一个可爱的女儿！哪怕她只有拇指大小也行啊。求您告诉我，我应该怎么做呢？"

"嘿！这容易得很！"女巫说，"你把这颗大麦粒拿去吧——当然，这可不是让你用来喂鸡的那种大麦粒。你回去把它埋在一个花盆里，过不了多久，你就可以看到你想要的东西了。"

"实在太感谢啦！"女人高兴极了，为此她甚至给了女巫三个银币。

女人回到家里，立刻在一个花盆里种下了那颗大麦粒。刚种下去，一朵大红色的花就长出来了。它的花瓣紧紧地包裹在一起，看起来很像郁金香的花骨朵。

"这将是一朵很美的花！"女人赞叹道。然后她忍不住在那美丽、鲜红的花瓣上吻了一下。就在这时，花儿忽然"啪"地一声绽放开来。在这朵花的正中央，那绿色的花蕊上面，坐着一位娇小的小女孩，她看起来又白嫩，又可爱。不过她长得很小，还没有大拇指长呢，即便这样，女人还是非常高兴，她给这个小女孩起名叫拇指姑娘。

女人非常疼爱拇指姑娘，拇指姑娘在她的呵护下也一天天成长起来。

女人在桌子上放了一个盘子，盘子里放了一些水，水上浮着一片郁金香花瓣。拇指姑娘经常坐在花瓣上，用两根草叶作桨，从盘子这一边划到那一边。那样子可爱极了！

拇指姑娘还会唱歌，而且她的嗓音十分甜美，女人以前从没听到过这样动人的歌声。

女人用一个发亮的胡桃壳给拇指姑娘做了张小摇床，又用紫罗兰花瓣给她做褥子，玫瑰花瓣给她做被子——这就是拇指姑娘睡觉的地方。

一天晚上，当拇指姑娘正在她漂亮的摇床里睡觉的时候，一只难看的癞蛤蟆从窗子外面跳了进来，它一眼就看到了睡在玫瑰花瓣下面的拇指姑娘，于是它感叹道："这姑娘真漂亮，她倒可以做我儿媳哩！"

癞蛤蟆说完，一把抓起装着拇指姑娘的胡桃壳，背着它跳出了窗子，一直跳到花园里去了。

花园里有一条水渠。水渠的两旁是潮湿的泥地。癞蛤蟆和它的儿子就住在这儿。小蛤蟆跟它的妈妈简直是一个模子刻出来的，长相丑得出奇。

"咯咯咯！呱呱呱！"当蛤蟆儿子看到胡桃壳里美丽的小姑娘时，它只能讲出这样的话来。

"讲话不要那么大声，会把她吵醒的。"老癞蛤蟆说，"她会从我们这儿逃走的，嗯……我们得把她放在睡莲的叶子上面，这样她就没有办法逃走了。在这期间我们就可以把泥巴底下的那间房子好好装修一下，你们俩以后就可以在里面过日子了。"

水渠里长着许多叶子宽大的睡莲。它们好像是浮在水面上似的。癞蛤蟆向浮在最远处的那片叶子游过去，把睡在胡桃壳里面的拇指姑娘放在上面。

可怜的拇指姑娘大清早就醒来了。她发现自己被困在一个完全陌生的地方，不禁伤心地哭了起来，因为这片宽大的叶子周围全都是水，她一点也没有办法回到陆地上去。

老癞蛤蟆坐在泥里，用灯芯草和黄睡莲把房间装饰了一番——将有一位新娘子住在里面了，当然应该收拾得漂亮一点才行。随后，它就和它的丑儿子向那片托着拇指姑娘的叶子游去。它们要把她那张美丽的床搬走，安放在洞房里面。

老癞蛤蟆来到睡莲叶下面，它向拇指姑娘鞠了一躬，同时对她说："这是我的儿子，也就是你未来的丈夫。你们俩将会在泥巴洞房里生活得很幸福。"

"咯咯咯！呱呱呱！"蛤蟆儿子所能讲出的话就只有这么一点。

说完，它跳上睡莲叶，搬起那张漂亮的小床，就向水里游去了。拇指姑娘独自坐在绿叶上，不禁大哭起来，因为她不喜欢跟黏糊糊的蛤蟆生活在一起，当然，她更不愿意给一个只会"呱呱"叫的丑蛤蟆做妻子。

在水渠里住着一些小鱼，它们都讨厌癞蛤蟆母子，当它们听到老癞蛤蟆刚才所说的话时，都从水里伸出头来，想要瞧瞧蛤蟆家的新娘。鱼儿们都非常生气——它们觉得这么一个小美人儿要下嫁给一只丑蛤蟆实在太荒唐了！于是，它们集合到那片睡莲叶子的周围，把叶梗子咬断了，就这样，这片叶子顺着水流走了。

蝴蝶和金龟子

　　叶子托着拇指姑娘快速地向远方漂去，她漂流了很久很久，最后一直漂到外国去了。叶子上的拇指姑娘心情好极了，因为她知道癞蛤蟆再也找不到她了。

　　拇指姑娘就这样乘着叶子漂啊漂啊，当漂到一片像金子般闪光的美丽水域时，叶子停了下来。这时，一只可爱的白蝴蝶飞了过来，不停地环绕着她飞来飞去，最后落到了叶子上，拇指姑娘解下腰带，把一端系在蝴蝶身上，另一端紧紧地系在叶子上。蝴蝶再次起飞时，就带着拇指姑娘乘坐的叶子，很快朝前漂去了，拇指姑娘站在叶子上面高兴地欢呼着。

　　这时，有一只很大的金龟子恰好从水面飞过。它看到了叶片上的拇指姑娘，立刻飞过去抓住她纤细的腰，带着她向树林飞去了。拇指姑娘还没来得及惊呼就被带上了天空，此时的她只能看着蝴蝶带着那片绿叶，继续顺水向远方漂流。拇指姑娘怕极了，但是大金龟子一点也不理会，它将拇指姑娘放到桦树最大的那片叶子上，然后拿出花蜜来给她吃，并对她说："小姐，你可真是漂亮啊——虽然你一点也不像金龟子，我是说，希望你能嫁给我，我会让你生活幸福的。"

　　不一会儿，住在树林里的金龟子们全都来拜访大金龟子了。寒暄过后，大金龟子向它们介绍了拇指姑娘。这些金龟子一看到拇指姑娘就围着她打量起来。

　　"嗨，她只有两条腿啊！这可是怪难看的。"金龟子小姐耸了耸触须说。

"她甚至连触须都没有!"金龟子先生说。

"她的腰太细了,呸!多丑啊!"金龟子大婶也不喜欢拇指姑娘。拇指姑娘虽然非常美丽——就连劫持她的大金龟子也是这样想的,不过当其他金龟子都说她长相丑陋的时候,大金龟子也就相信了,它不想要她做新娘了,便带着她从树上飞下来,干脆把她放在了一朵雏菊上面。

拇指姑娘坐在雏菊上伤心地哭了,她觉得自己长得太"丑"了,连金龟子都看不上她。其实她不知道,自己美得让人难以想象,她那么明艳动人,就像一朵最纯洁的玫瑰花。

整个夏天和秋天,可怜的拇指姑娘就独自住在树林里。她用草叶为自己编了一张小吊床,并把它挂在一片大牛蒡叶底下——这样她睡觉时就不会被雨淋湿了。她的食物就是自己从花里采来的蜜,她的饮料就是每天早晨凝结在叶子上的露珠。

冬天来了,鸟儿飞走了,花儿也凋零了。就连拇指姑娘用来遮风挡雨的那片牛蒡叶也被风卷了起来,只剩下一根枯黄的梗子。拇指姑娘的衣服都已经穿破了,她只好把自己裹在一片干枯的叶子里,可这样做并不会使她感到更加温暖。

天气越来越冷,林子里什么吃的都找不到了,拇指姑娘只好离开住地,向森林外面走去。走出森林,她来到一块麦田上。这里的麦子早已经被收割完了,冻结的土地上只留下一些麦茬儿。拇指姑娘在麦茬中间走着,冻得直发抖。

田鼠、鼹鼠和燕子

就在拇指姑娘快要走不动的时候，她突然在一棵麦茬下面发现了一个小洞，洞口有一扇小门。拇指姑娘高兴极了，她像讨饭的乞丐一样上前拼命地敲门。她想，里面的人就算能施舍一粒麦子给她也好啊，因为她已经两天没吃过东西了。

洞穴的主人——田鼠夫人给她开了门。

"哦，可怜的小人儿，"田鼠夫人说，"快进来暖和暖和，和我一起吃点东西吧。"

拇指姑娘道过谢后就进屋去了。吃过东西后，她们开始聊天，拇指姑娘甚至还为田鼠夫人演唱了歌曲，她唱了《飞吧！金龟子》和《草原上的牧师》。

田鼠夫人很喜欢拇指姑娘，对她说："你可以跟我住在一起，度过这个冬天，不过你得把我的房间弄得干净整齐，还要每天为我唱歌，并讲些故事给我听。"

田鼠夫人所要求的事情，拇指姑娘全都照办了。几个星期过去了，她在这里住得非常快乐。

有一天，田鼠夫人对拇指姑娘说："这几天就要有人来做客了，它叫鼹鼠，是我的一个远房亲戚，它既有钱又有学问，住的房子比我这里宽大、舒服得多。要是你能够得到这样一位丈夫，那你这辈子可就享福了。不过它是个高度近视眼，眼睛看不清东西，你得讲一些动人的故事给它听。"

拇指姑娘对这件事没有什么兴趣，她不愿意跟这位田鼠的亲戚结婚——因为就算它再有钱，再有学问，毕竟还是一只鼹鼠。

几天后，鼹鼠先生果然来拜访了。它穿着黑色天鹅绒长袍，戴着瓶底一样厚的眼镜，看上去就像个博士，事实上它的确是一位有钱又有学问的绅士。田鼠夫人向它介绍了拇指姑娘，它虽然看不到姑娘的相貌，但它可以听到她的声音。拇指姑娘为它唱了几曲歌谣，又讲了自己的故事。姑娘的声音是那么美妙动人，经历是那么惊险曲折，鼹鼠先生不禁爱上面前这位姑娘了，不过它并没有表现出来，因为知识分子都是很谨慎的。

鼹鼠先生回去以后，就在自己的房子里挖了一条长长的地道，一直可以通到田鼠夫人的家里。它邀请田鼠夫人和拇指姑娘第二天到它家做客，同时它告诉她们地道里有一只死鸟，希望她们不要害怕——那是一只死去不久的燕子的坟墓，恰巧被鼹鼠打穿了。

第二天，鼹鼠来接田鼠夫人和拇指姑娘，它带领她们顺着地道一起走去。当她们看到那只被埋葬的死鸟时，鼹鼠就用它的大鼻子在天花板上面拱出一个洞来。阳光照射进来，使拇指姑娘看到了那只燕子，它美丽的翅膀紧紧地贴着身体，小腿和头缩到羽毛里面——它已经冻僵了，善良的拇指姑娘为此感到非常难过。

鼹鼠用它的短腿推了推燕子，说："哼，它现在再也不能唱歌了！身为一只鸟，这是一件多么悲惨的事啊！"

拇指姑娘一句话也没有说，不过当鼹鼠和田鼠背对燕子的时候，她弯下腰来，把燕子头上的那片羽毛温柔地向旁边拂了拂，还在它的额头上轻轻地吻了一下。

"夏天对我唱歌的那只鸟儿，也许就是它了。"她想。

这天晚上，拇指姑娘怎么也睡不着，死去的燕子总在她脑海中浮现。她爬起来，在田鼠夫人的库房里找到一些草和棉絮，编了一张宽大的毯子。她拿着毯子跑到那只死去的燕子身边，把它的全身裹好。

"再见吧，美丽的小鸟儿！"说着，她把头贴在鸟儿的胸膛上哭泣起来，忽地，她感觉好像有什么东西在燕子的身体里跳动着，啊，是它的心脏！这鸟儿并没有死，它只不过是躺在那儿冻得失去了知觉。现在它得到了温暖，又活了过来——

鸟儿渐渐苏醒了，它的眼睛微微地睁开，望着拇指姑娘。

"感谢你，可爱的小人儿！"虚弱的燕子对拇指姑娘说，"真舒服，真温暖啊！我想要不了多久我就可以恢复体力，飞向天空了。"

"啊，"拇指姑娘说，"外面多冷啊！雪花还在飞舞呢，河流都结冰了。还是请你睡在这张温暖的床上吧，我会时常来照料你的。"

燕子在这儿住了整个冬天。在拇指姑娘的细心照料下，燕子的身体逐渐恢复了往日的强健。鼹鼠和田鼠夫人一点儿也不知道这件事，因为它们并不关心这只可怜的燕子，也从不来看它。

当春天再次来临，太阳把大地照得很温暖的时候，燕子就向拇指姑娘告别，离开洞穴，向蔚蓝的天空飞去了。

043

百花之王

又是一个秋天，鼹鼠向拇指姑娘求婚了，田鼠夫人替她应下了这桩婚事。

"四个星期以后，你的婚礼就要举行了。"田鼠夫人对她说。

"但是我不愿意和那个难看的讨厌鬼结婚。"拇指姑娘急得哭了起来。

"胡说！"田鼠夫人说，"傻孩子，你不要固执了，它其实是一位很可爱的男孩子，你得和它结婚！它身上的黑色天鹅绒袍子，就连皇帝也穿不起呢！它的仓库里储满了好吃的东西，你嫁给它就吃穿不愁了。能得到这样一位丈夫，你真该感谢上帝！"

拇指姑娘说不过田鼠夫人，她没有办法，只能"呜呜"地哭泣着……

转眼就到了举行婚礼的日子，准新郎鼹鼠已经准备好亲自来迎接拇指姑娘了。从此以后，拇指姑娘不得不跟它住进深深的地底下，再也见不到温暖的阳光了。

拇指姑娘向屋子外面走去，她望着天空说："再见吧，太阳！假如你看到了我的燕子朋友，请代我向它问候。"

这时，"呼"地一声，一阵风掠过她的头顶。她抬头一看，正是去年冬天被她救活的那只燕子。燕子看到拇指姑娘也非常高兴，它从空中落下，停在她的身边，这对久违的好朋友立刻互相拥抱起来。寒暄过后，拇指姑娘告诉燕子说："我就要结婚了，但是我一点都不喜欢我的未婚夫，更要命的是，我婚后就得住在深深的地底下，太阳将永远照不进来。"说到这儿，她就忍不住哭出声来。

"你愿意骑在我的背上，跟我一块儿离开这里吗？"燕子说，"冬天就要来了，我得飞

到温暖的国度里去。那里的太阳光比这里明媚得多，大地上永远开放着美丽的花朵。跟我一起走吧，拇指姑娘，我想为你做点什么。要知道，当我被人当作死鸟，埋葬在那个阴暗的地洞里的时候，是你救了我的命！"

"好的，请带我走吧！"拇指姑娘说，她已经想不出继续留在这里的理由了。

拇指姑娘坐在燕子的背上，紧紧地抓住它脖子上最结实的一根羽毛。"呼"地一声，燕子就带着她一起飞向了蓝天。她们飞过森林、大海和雪山。在高高的空中欣赏着地上美丽的风景，心情无比愉快……

过了一些日子，她们来到了世界上最温暖的国度。这里阳光明媚，田埂里、篱笆上，到处都长满了红彤彤的樱桃。每棵树上都悬挂着柠檬和橙子；空气里飘散着夹竹桃和麝香的气味儿；随处可见色彩艳丽的蝴蝶在空中飞舞。燕子继续往南飞，越飞越低，沿途的风景也越来越美。最后，她们来到了大海的旁边，在那里，有一幢用大理石砌成的古代神殿，神殿顶上有许多燕子窠，其中最精致的一个，就是拇指姑娘那位燕子朋友的住所。

"这儿就是我的房屋，你可以在这里住下，住多久都行！"燕子说，"喏，地上长着许多美丽的花，你可以挑一朵去布置房间，这样你就可以住得更舒服了。"

"太好了，这一切简直太美妙了！"拇指姑娘拍着手说。

不远处有一根巨大的大理石柱，它倒在地上，已断成了三截。就在石柱的缝隙间，有一朵美丽的白色鲜花，拇指姑娘不由自主地向这朵花儿走过去。

"啊！"拇指姑娘惊奇地叫着，她看到在那朵花的中央，坐着一个白皙透亮的男孩子！他的身材和自己差不多，背上长着一对翅膀，头上还戴着一顶华丽的王冠。他就是花中的仙子——而且，他是花仙中的国王。

"我的天哪！他多美啊！"拇指姑娘小声对燕子说。

这位小小的国王有点害怕燕子，因为对他说来，燕子是一个庞然大物。不过当他看到燕

子身旁的拇指姑娘时，立刻就高兴起来——她是他一生中所看到的最
美丽的姑娘！百花之王从头上取下王冠，把它戴到拇指姑娘
的头上。他问了她的姓名，还问她愿不愿意作他
的妻子。

　　拇指姑娘心里高兴极了，她害着地点了
点头，答应了百花之王的求婚。

　　这时，周围的每一朵花里都走出一位小小
的花仙。他们每人送了拇指姑娘一件礼物，其中
最好的一件礼物，是蜻蜓的一对翅膀。花王把这
对翅膀安到了拇指姑娘的背上，现在，她也可以
像花仙们一样，在花丛间自由飞舞了。

　　花仙们围着拇指姑娘和百花之王翩翩起
舞，燕子为他们唱起动听的歌曲，拇指姑娘
凝视着她的爱人，心想：从此以后，永远
也不要和他分开。

莴苣姑娘

Princess

Princess

很久以前，在美丽的花园里住着一位邪恶的女巫，她把一个女孩关进了一座没有门和梯子的高塔里。与世隔绝的女孩儿每天只能在塔中悲伤地歌唱。后来，一位邻国的王子从塔下经过，深深地被她那美妙的歌声打动，这位王子能战胜女巫救出那个女孩吗？

莴苣姑娘的诞生

从前有一对夫妻，结婚很久却一直没有孩子。所以，他们特别想有个小孩，可是总也不能如愿，他俩只好乞求仁慈的上帝赐给他们一个孩子。

在他们家后面的不远处，有一座美丽的花园，那里长满了奇花异草，还经常有很多珍禽异兽在里面游走，景色美极了！可是，花园的周围有一堵高高的围墙，谁也不敢翻墙进去，因为那座花园属于一个凶恶的女巫，她的法力强大而且脾气很坏，大家都恨透她了，可谁也不敢惹她。

有一天，妻子站在自家阁楼的窗口，向那座神秘的花园望去，她看到花园中央的菜地上长着许多漂亮的莴苣。这些莴苣绿油油、水灵灵的，可爱极了！这立刻勾起了她的食欲，她非常想吃它们。"如果能吃上一口这样新鲜的莴苣就好了，噢，那该多么爽口啊！"她这样想。

女人越来越想吃到那些莴苣，而当她得知自己无论如何也吃不到的时候，她开始变得非常沮丧，并逐渐憔悴起来，脸色变得苍白，心里十分痛苦。看到她这样，她的丈夫吓坏了，于是问她："亲爱的，你这是哪里不舒服呀?"

"噢，亲爱的，"她有气无力地回答，"要是吃不到后面那个花园里的莴苣，我就会死掉的。可那看守花园的女巫……"

丈夫非常疼爱她，便对她说："那可不得了，为了不让我亲爱的妻子死去，无论发生任何事情，我都要给你弄些莴苣来。"

这天傍晚，丈夫翻过围墙，溜进了女巫的花园，飞快地割了一大把莴苣，带回来给他的妻子。妻子立刻把莴苣做成菜，狼吞虎咽地吃了下去。

"啊，这些莴苣的味道真是太好了！亲爱的，谢谢你……"她对丈夫说。

第二天，丈夫关切地问候妻子："亲爱的，你感觉好些了吗?"

"是的，我好些了，可是不知为什么，我想吃莴苣的愿望不但没有减少，反而比昨天还强烈了一倍，你能再去为我弄一些回来吗?"妻子恳求他说。

"噢，好吧，让我再来想想办法。"丈夫太爱他的妻子了。

可是他又有什么办法呢？为了满足妻子，这个可怜的男人只好决定再次翻进女巫的花园。于是，黄昏时分，他再次偷偷地溜进了那个被诅咒了的花园，并飞快地割了两大把莴苣。可这次当他刚要翻墙回去时，突然看到那个可恶的女巫就站在他的面前。女巫的样子吓人极了！她正用布满血丝的双眼死死地瞪着他，这可把他吓了一大跳。

"你是谁？你的胆子可真够大的！"女巫怒气冲冲地说，"竟然溜进我的园子里来，像贼一样偷我的莴苣！"

"唉，我是您的一位邻居，"男人回答说，"可怜可怜我，看在上帝的份儿上饶了我吧。我是没办法才这样做的。我妻子从窗口看到了您园子中的莴苣，非常想吃，如果吃不到，她就会死掉的。"

女巫听了男人的解释之后，气慢慢消了一些，对他说："如果事情真像你说的这样，我可以让你随便采些莴苣，但我有一个条件——你的妻子吃了莴苣很快就会怀孕，她将会生下一个漂亮的女孩。而你们，要请我做这个孩子的教母，并把她交给我抚养。当然，我会让她过得很好的，而且会像亲生母亲一样对待她。"

"好的，一切遵照您的吩咐……"男人由于害怕，只好答应了女巫的一切条件。

过了不久，女人果然怀孕了，并很快生下一个可爱的女婴。孩子刚刚出生，女巫就来了，按照约定，她成了孩子的教母。她给孩子取了个名字叫"莴苣"，然后就把孩子带走了。女孩的父母虽然不情愿，可是面对凶恶的女巫，他们一点儿办法也没有。

"哎呀呀，我们可怜的女儿不会有什么危险吧?"女人流着眼泪问他的丈夫。

"但愿她能够平安地长大……"男人搂着他的妻子无奈地说。

高塔上的美丽长发

　　莴苣姑娘在女巫的家里一天天长大，并且一天比一天漂亮，十六岁那年，她已经长成了天底下最漂亮的女孩，她有着百合一样美丽的脸庞，和一头丝绸般浓密闪亮的长发，为了不让她的父母把她带走，也为了不让更多人见到她的美貌，女巫将她关在一座高塔里。这座高塔建在森林最深处，既没有楼梯也没有门，只是在塔顶上有一个小小的窗户。每当女巫想去看她时，就会站在塔下叫道："莴苣，莴苣，把你的头发垂下来，你的教母要进来。"

　　每次一听到女巫的叫声，莴苣姑娘便松开发辫，将长长的头发从窗口放下来。女巫便顺着长发爬上塔去。

051

　　森林里没有人烟，连小鸟也无法飞上这座高塔，莴苣姑娘整日一个人住在塔里，日子难熬极了。但她并没有因此而绝望，每当寂寞时，她都会唱歌来打发时光，就这样又过了两年。一天，一位邻国的王子出现了……

　　这位王子长着金子般闪亮的头发，还有着像睡莲一样漂亮的脸庞。这天，他骑马路过森林，刚好经过这座高塔，突然听到一个女孩美妙的歌声，不由得停下来静静地倾听：

　　"莴苣姑娘在塔中歌唱，
　　　我对天空说我是自由的，
　　　鸟儿和松鼠是我的伙伴，

梦幻童话卷 | 莴苣姑娘

白云为我驻足倾听，

高塔关不住我的心。"

这时他还不知道，唱歌的正是莴苣姑娘。

王子想爬到塔顶上见见唱歌的女孩，可是四处找门，却怎么也找不到，只好悻悻地回到家里。

王子觉得那回荡在高塔周围的歌声是那样美妙，在他的国度里处处流淌着牛奶和蜜糖，人们生活得幸福快乐，可从来没有听到过这么孤独寂寞的歌声，那忧伤的曲调已经深深地打动了他的心，以至于一天听不到歌声他都会寝食难安。于是，他每天都要骑马去森林里听莴苣姑娘的吟唱。

这一天，王子正站在一棵树后静静地听歌，恰巧看到女巫来了，而且听到她冲着塔顶叫道："莴苣，莴苣，把你的头发垂下来，你的教母要进来。"

莴苣姑娘立刻垂下她那金色的长发，然后女巫顺着它爬了上去。王子想："如果那姑娘的长发就是让人爬上塔顶的梯子，那我也该去试试运气。"

第二天傍晚，他来到塔下，学着女巫的腔调，沙哑着嗓子叫道："莴苣，莴苣，把你的头发垂下来，你的教母要进来。"

莴苣姑娘立刻把头发垂了下来，王子喜出望外，顺着头发爬了上去。

女孩看到爬上来的是一个男人时，顿时大吃一惊，因为她还从来没有看到过男人。

年轻的王子见到了莴苣姑娘，觉得她的容貌比她的歌声更美，爱慕之情充满了他的整个心窝，以至于他的脸都变得红红的。他结结巴巴地对她说："亲爱的姑娘，不要害怕，我从这里经过，被你的歌声打动，从此一刻也得不到安宁，非要来见你不可。"

莴苣姑娘见王子年轻英俊，而且又那么善良，也就不再感到害怕，并且喜欢上了他。她羞红了脸，低头不语。

王子用他蓝色的眼睛看着公主，接着说："姑娘啊，你的歌声多么忧伤，你一个人住在这座阴森的高塔里，一定非常寂寞。我想带你去我的国度，那里处处都流淌着牛奶和蜜糖，我们在那里一起生活，一定会很快乐，我相信每个人都会喜欢你的。"

莴苣姑娘想："这个人多么可爱，多么真诚，他肯定会比教母更喜欢我。"于是就答应了，并把手伸给王子。她说："我非常愿意跟你一起走，可我不知道怎么下去呀。"

"是呀，这可怎么办呢?"王子也没了办法。

"这样吧，"聪明的姑娘说，"你每次来的时候都给我带一根丝线，我用丝线编一个梯子。等到梯子编好了，我就爬下来，你把我抱到你的马背上，我们一起离开这里。"

"好的，就这么办吧!"王子高兴地说。

就这样，两人在一起开心地聊到很晚，王子必须回宫殿了，他们这才依依不舍地道别。

女巫总是在白天来看莴苣姑娘，所以王子和莴苣姑娘商定每天傍晚时见面。这样过了很长时间，女巫一直也没有发现。

女巫的惩罚

有一天，女巫来到塔里，她在给莴苣姑娘梳头时，女孩忍不住问她："我问您，亲爱的教母，我拉您上来的时候怎么感觉您那么重呢？"

"哦？我怎么个重法呢？"女巫警惕地问。

"反正您比我认识的一位年轻的王子重得多，他可是一下子就上来了。"女孩不小心说漏了嘴。

"啊！你这坏孩子！"女巫嚷道，"你在说什么？真不知羞耻，我还以为你与世隔绝了呢，想不到你竟然骗了我！以后不许你再跟那个小坏蛋见面了。"

她怒气冲冲地一把抓住莴苣姑娘漂亮的辫子，操起剪刀，剪了下来，然后把那美丽的辫子绑在塔顶的窗钩上。最后她把姑娘关进衣橱里，不许她出声，自己坐在一边，等着王子到来。

夜晚来临的时候，王子来了，他在塔下喊道："莴苣，莴苣，把你的头发垂下来，你的王子要上来。"

女巫放下头发，王子便顺着头发爬了上去。然而，他没有见到心爱的莴苣姑娘，却看到女巫正恶狠狠地瞪着他。

"啊哈！"她嘲弄王子说，"你是来接你的心上人的吧？可美丽的鸟儿不会再在窝里唱歌了。她被猫抓走了，而且猫还要把你的眼睛挖出来，你再也别想看见她！"

说完，她一把将王子推下了窗户，王子掉进了塔下的荆棘丛里，虽然没有丧生，双眼却被刺扎瞎了，发出悲惨的呼喊声。被女巫关在衣橱里的莴苣姑娘听到这一切，心里痛苦极了。

躺在荆棘丛里的王子生平第一次感到绝望。他想："我再也看不见心爱的莴苣姑娘了。我被弄瞎了眼睛，她也不会再爱我了……"想到这里，他决定离开，再也不见莴苣姑娘了。于是，他挣扎着站起来，摸索着向森林更深处走去……

王子的遭遇让莴苣姑娘非常伤心，她甚至不再唱歌了。女巫发现了莴苣姑娘的变化，怒气冲冲地向她嚷道："坏孩子，你这个懒惰的坏孩子！你不再唱歌了，你要让路过的人听不到歌声，然后对他们说我待你不好？啊，你在记恨我！好吧，我不再要你了！"然后，她把莴苣姑娘带到一片陌生的森林中，没有人会从这里经过。女巫咬着牙对莴苣姑娘说："我像亲生母亲一样待你，而你却背叛我，打算和男人逃走。作为惩罚，我要让你永远住在这地狱般的荒野里，承受无尽的痛苦和折磨。当然，如果你愿意悔改，并发誓永远不再见那个坏小子，不再想他，我就原谅你，因为你毕竟是我唯一的教女。怎么样，你现在要恳求我的原谅吗？"

莴苣姑娘坚定地站着，用愤怒的双眼瞪着女巫，一句话也没有说。

女巫气得抓着头发直跺脚，疯狂地叫骂着，然后跨上扫把，狂笑着飞走了，狠心地将莴苣姑娘留在了无人的森林中。

瞎了双眼的王子漫无目的地在森林里走着，每天靠喝露水，吃草根和小鸟衔来的浆果活着，每当他想到自己那再也见不到面的爱人，就会为自己的命运而伤心痛哭。就这样走了一天又一天，一月又一月，一年又一年，也不知道过了多久，他再也走不动了。

056

他最终坐在了一棵大树下，平静地等待死神的降临，他不知道，这时他已经走到了莴苣姑娘所在的那片森林。这时，王子隐约听到有歌唱的声音，而且他觉得那声音非常耳熟：

"莴苣姑娘在茅屋中歌唱，

我对沼泽说我是自由的，

泥鳅和青蛙是我的伙伴，

风儿为我驻足倾听，

王子最终会找到我。"

王子寻着歌声朝森林中央走去，当王子走近时，莴苣姑娘看到了他，并且立刻认出了他，她激动地扑上去，搂着他的脖子哭了起来。她的泪水润湿了王子的眼睛，使它们重新恢复了蓝宝石般的光泽，王子又能像从前一样看东西了。

"啊！亲爱的，是你！"王子也认出了莴苣姑娘，他高兴得不知所措，抱起她不停地旋转。

"是我呀，是我，亲爱的……"莴苣姑娘不断亲吻着王子的面颊。

莴苣姑娘经历了那么多磨难，终于又见到了她心爱的王子，她决定再也不和他分开了。

后来，王子带着莴苣姑娘回到那处处流淌着牛奶和蜜糖的王国，他们受到了人们的热烈欢迎，幸福美满地生活在一起，直到永远。

豌豆公主

Princess

Princess

　　王子有个心愿，他想与一位真正的公主结婚，可是去哪里找呢？在一个暴风雨的夜里，来了一位自称是公主的女孩儿，可她究竟是不是真正的公主呢？王后只用一颗小豌豆，就能检验出公主的真假，她是怎么做的呢？

雨夜陌生来客

从前，在一个普普通通的国家里，有一位普普通通的王子，他的国家不太大也不太小；他的父王不太穷也不太富；在所有的王子里面，他不是最英俊的，但也不是最难看的。这么说吧，当你看见他，如果不告诉你他是王子，也许你会把他当成是一个随处可见的铁匠或者鞋匠。但他绝对是一位货真价实的王子，是这个国家唯一合法的王位继承人。

王子的年纪不小了，可是却一直没有结婚。他的父王和母后为此急得头发都白了，可他自己却一点都不着急，每当别人催促他结婚时，他总是吹着口哨，满不在乎地说："哎呀呀，再怎么说我也是一位真正的王子，一般的姑娘可是配不上我呀！"

其实王子是很想结婚的，可是他对未来新娘的要求实在太高了——她必须是一位真正的公主。要知道，想在当今世上找到一位真正的公主，那是件多么不容易的事情啊！

为了找到这样一位公主，王子走遍了大半个世界，见到的公主倒是很多，可他却没有办法判断谁是真正的公主：东方的公主美丽但不浪漫，南方的公主热情但长得太黑，西方的公主俗气又虚荣，北方的公主不懂艺术又太剽悍。按王子的话说："她们作为公主，连公主最起码的美德都不具备，怎么能算得上是真正的公主呢？"反正他总是能挑出她们一些不足的地方。

最后，王子只好回家，等着他的父王和母后给他安排相亲——从大臣的千金到锅炉匠的女儿，全国的姑娘几乎都让他见了个遍，可他谁也瞧不上。大家都嫌他太挑剔，渐渐地，也都把这件事情淡忘了。可王子的心里其实也很不快活，因为他是那么渴望得到一位真正的公主。

有一天晚上，王子一家人正在享用他们的王室晚宴，忽然刮来一阵可怕的狂风，紧接着就是一道闪电划破夜幕，隆隆的雷声过后一阵暴雨如期而至。黄豆大的雨点把王宫的门窗敲打得噼啪作响，真让人害怕！就在这时，偏偏有人来敲门，"咚咚咚、咚咚咚……"那声音急促又响亮，把大家都吓了一跳。老国王赶快让男仆去开门，过了一会儿，男仆回报说来人自称是一位公主。

"公主？那按照惯例，我们王室成员应该去接见她呀！"王子兴奋地说。

"嗯，她既然说自己是公主，我们就不能怠慢人家。不管她是不是真正的公主，我们都要出去迎接。"老国王表示同意。

"那我们就去接见她吧。"王后耸耸肩说，她也没意见。

于是王子一家人来到会客厅，让仆人打开宫门，铺好红地毯，他们准备迎接贵宾。

进来的是一位略显瘦弱的姑娘。她穿着华丽的紫色天鹅绒长裙和时髦的皮鞋，而且还戴着一串珍珠项链，这些一看就是在米兰或威尼斯定做的奢侈品。可是经过了风吹雨打之后，她的样子并不算好看。她浑身都湿透了，雨水沿着她的头发流到她的连衣裙上，又从裙子流

进鞋里，最后从鞋里漏了出来。

　　看她这个样子，国王和王后都直皱眉头，可是王子看起来并不在乎这些，他热情地招呼姑娘进屋。那位姑娘也偷偷地看了王子两眼，然后低下头去，对王子的热情报以微笑。

　　"快进来吧，我的孩子。"国王打破了沉默。

　　"是啊，快进来，我先带你去沐浴更衣。"王后过去搀扶那位姑娘。

　　"谢谢！"姑娘随后就跟着王后进去了。

　　过了一会儿，王后带着那位姑娘出来了。换上了干净衣服，她看上去漂亮多了。

　　"我感到很饿，能和你们一起用餐吗？"姑娘说道。

　　"当……当然可以，请吧。"国王结结巴巴地说。

　　于是，他们带她去餐厅，并吩咐仆人添一副餐具。她什么也没说，坐下就开始大口地吃起来，看起来并不是很懂礼仪……

　　老国王问陌生女孩："孩子，你是哪位国王的千金？为什么在雨夜里独自行走呢？"

　　"我是荞麦国的公主，顺便说一下，我可是一位真正的公主。我来贵国是为了游览湖光山色的，不料半路上和仆人走散了，又在林子里迷了路，紧接着就被大雨淋了个透，幸好一抬头看到了这座宫殿，我就赶紧跑进来了。"

　　"哦，是荞麦国的公主呀，久仰久仰……"国王这样说着，其实他根本没听说过这个国家。

　　"你是一位真正的公主，这简直太妙啦！"王子打断了他们的谈话，他激动得完全顾不上王室礼仪了。

床榻上的豌豆

　　吃完饭以后，宾主间就一些政治方面的话题展开了热烈而友好的会谈，当谈话进行到夜里十点半的时候，公主打了个哈欠说："对不起，一路的奔波让我非常劳累……"

　　"哦，可怜的孩子，你是该休息休息了，我这就给你安排客房去。"王后起身离席。

　　这时，王子悄悄地跟着他的母亲走出餐厅，并在走廊上将她拉住，对她说："母后，我非常喜欢这位公主，我想她也喜欢我……"

　　王后说："感谢上帝，终于有让你心动的女孩了，那我们明天就向她提亲试试。"

　　王子担心地问："可我不能确定她是不是一位真正的公主，您能帮我想想办法吗？"

　　王后说："我能有什么办法呢？她说她是公主，那她就应该是！"

　　"难道就没有什么办法能试试她么？如果她是真正的公主，我就向她求婚，然后我们结婚，生小孩，想想，这对您能有什么坏处呢？"王子都快要乞求自己的母亲了。

　　"你这孩子可真麻烦——等等，我来想想，嗯……其实，要想知道她是不是真正的公主并不难。"显然，王后已经有办法了。

　　王后来到客房，把仆人都打发走，然后亲自为远道而来的公主铺床。她把所有的被褥都搬开，偷偷地在床上放了一粒豌豆，又取出二十床垫子，把它们压在豌豆上。最后，她又在这些垫子上放了二十床鸭绒被，做好了这一切，她就叫来仆人伺候公主睡觉了。

早晨，公主打着哈欠来到餐厅，王子、国王和王后早就在恭候她了。王后问："荞麦国的公主，你昨晚睡得怎么样？"

公主想了想，回答说："我无意冒犯，可是，说实话我睡得很不好，或者说差不多整夜没合上眼……"

王后连忙问："哦，亲爱的，哪里不周到了？是不是感觉到有什么东西在硌着你？"

"对、对、对……"公主回答，"就是那种感觉，天晓得床榻上是不是有什么东西，我感觉自己睡在了一粒很硬的东西上面，它把我的背都硌紫了……"

王后兴奋地叫道："啊，多么娇嫩的肌肤，仁慈的主啊！只有公主才拥有这样娇嫩的皮肤，她是真正的公主！"

王子开心极了，拉着公主的手跳起舞来。

王子对她说："尊贵的公主，我要向你求婚，你愿意嫁给我吗？"说着，他就跪在了地上。

公主不知所措地回答："您真是无礼！这……这问题似乎太唐突了，不过，好……好吧，我是说我的嫁妆可不会太多……"

王子和公主的眼睛眨也不眨地彼此凝视着，仿佛有一种力量在使他们相互吸引着。

王子说："其实我一直想找一个人和我共度余生，但她必须是一位真正的公主。现在我觉得我找到了。"

公主羞红了脸说："我也一直想找一位真正的王子结婚，看来这个时刻就要到来了。"

很快，王子和公主的父母为他们举行了盛大的王室婚礼。婚礼上，老国王问王后："亲爱的，你可真有办法啊！你是怎么想出这个办法来试公主的？"

王后悄悄告诉国王："我就知道她是个真正的公主。如果这个办法不行的话，我会一直

试下去，直到我们的傻儿子得到自己的答案为止。"

　　信不信由你，这可是一个真实的故事，我们就把它叫作"豌豆公主的故事"，那粒王后用来测试公主的豌豆也因此被送进了博物馆，如果没有人把它拿走的话，你现在应该还可以在那儿看到它呢！

小红帽

Princess

Princess

有一个美丽、善良的小姑娘，她的头上总是戴着一顶红色的帽子，人们都叫她"小红帽"。她常常去看望住在树林里的外婆，并且给她送去好吃的食物。这天，她像往常一样走进了树林，没想到遇见了可恶的大灰狼，可是善良的小红帽却把大灰狼当成了好人，这可太危险了！后来，猎人来了，他能打败大灰狼吗？

可爱的小红帽

从前，有一个十分可爱的小女孩，整天咯咯地笑个不停，大家都很喜欢她，可是，最疼她的还是外婆。每隔几天，外婆就会织一顶红帽子送给她。这些帽子戴在她的头上，又漂亮，又合适。每当周围的人看见她时，都会停下手里的活儿，微笑地看着她蹦蹦跳跳地从面前经过，见过她的人都叫她"小红帽"。

有一天，小红帽的外婆生病了，她知道以后，就对妈妈说："妈妈，我要去照顾外婆，并且把烤好的蛋糕给外婆送去。她现在生病了，身体很虚弱，我想，外婆吃完这些，身体一定会好起来的!"妈妈听了，连连夸赞小红帽是个懂事的好孩子。她一边把蛋糕放好，一边送小红帽出门："记住了，别总是跑那么快，会摔跤的……"妈妈的话还没说完，小红帽早已经一溜烟儿地跑远了。

外婆家在村外的一片大森林里，那里偏僻得连只小狗都看不见，不过，路边却开着五颜六色的野花。小红帽心里想："我要多采些野花给外婆，外婆最喜欢这些鲜花了，要是她看到这么美丽的花束，一定会很快好起来的!"于是，她就像往常一样在花丛中转来转去，采集花朵。就在这时，一个龇牙咧嘴的家伙拖着一条大长尾巴出现在她面前。可是，小红帽不知道它是狼，而且还是一只饿得发慌的狼，所以一点儿也不怕它。

"你好!小姑娘!"狼瘪着肚子，笑嘻嘻地看着小红帽。

"你好!"小红帽礼貌地回答，接着又蹦蹦跳跳地去采路边的花。

大灰狼的眼睛就像两个大玻璃球，跟着小红帽左转一下，右转一下。不一会儿，大灰狼的头都转晕了，它只好叫住了小红帽："我从来没有见过这么漂亮的小姑娘，快过来!让我看看!"小红帽相信了它的话，一蹦一跳地来到它的身边。就在这时，狼欣喜若狂地张开血盆大嘴，眼看着就要把小红帽吃进肚子里了，只见它满嘴的口水顺着嘴角一直掉在了地上……

"噼!啪!"突然，远处传来了两声枪响，猎人骑着大马向这边跑来。大灰狼哆嗦得迈不动步，慌忙中它一把抓住了小红帽，说："那是个坏家伙!我被他害苦了，快帮帮我!"说着，就躲进浓密的灌木丛里。

过了不久，猎人果然出现了，他端着猎枪，正向这边走来。瞧，他浓密的大胡子差点儿盖住了整张脸，瞪着一双眼睛，还把脚底的那双大鞋踏得噔噔响。小红帽心里想："这个人确实不像好人!我得想办法帮帮那只可怜的动物。"于是她就装作若无其事的样子继续采花。

猎人围着这里转了半天，也没有发现大灰狼，正好看到了路边的小红帽，就走过来向她打听。可是小红帽却使劲地摆了摆手，说："这里到处都是鲜花，没有你找的大灰狼!"猎人听完便离开了，不过临走前，他再三嘱咐小红帽："孩子!你可得当心啊!有只可恶的大灰狼专门害人，它随时都会出现的!"小红帽点了点头，可是根本没有把猎人的话放在心上。

065

　　猎人走远了，那只狼终于松了一口气，喜笑颜开地跑了出来，假惺惺地说："多么善良的好姑娘！我能为你做点儿什么呢？"小红帽却笑着摇了摇头。这时，大灰狼看见了她的篮子，眼珠子咕噜咕噜地转个不停："你那篮子里装的也是鲜花吗？"小红帽想都没想，就告诉大灰狼："里面装的是刚刚烤出来的蛋糕，我要把它送给生病的外婆。"

　　那只狡猾的狼听见了，眼里闪起了绿色的光芒，心里一阵狂喜："很久都没有这样的好运气了！今天，我可要大饱口福了！"不过，它又觉得要好好想个办法，让小红帽和她的外婆都成为它的午餐。想到这里，它故意这样说："瞧瞧！瞧瞧！多么善良、懂事的孩子啊！不过，你能找到外婆的家吗？要不，我送你吧！"天真的小红帽使劲摇了摇头："不用！不用！外婆的家就快到了，你瞧，前面那三棵橡树下，有一个木头房子，那里围着特别好看的核桃篱笆！"

　　大灰狼多想马上就吃掉这个可爱的小家伙啊，不过它还是忍住了，它还有一个更大的计划呢！

　　大灰狼跟着小红帽走了一会儿，突然说："对了，小红帽，前面的树林里有更好看的野花，许多小女孩都喜欢到那里采花，你不想去看看吗？"

　　小红帽抬起头来，刚好看到了阳光在树林间穿梭，美丽的鲜花正在那里开放，她兴高采烈地拍着小手，离开大路，走进林子去采花。她每采下一朵花，总觉得前面还有更美丽的花朵，便又向前走去，结果一直走到了林子深处。

大灰狼的阴谋

小红帽在林子深处转来转去，离外婆家也越来越远。就在这时，狡猾的狼已经顺着小路一直跑到了外婆的家，它看四周没人，就贼头贼脑地走到门口，敲了敲门。

"是谁呀？"外婆嘶哑着嗓子问。

"是我——我是——小红帽。"狼压低了嗓子，学着小红帽的样子，娇滴滴地说。

外婆知道一定是乖巧的小红帽来看望自己了，就对着门口大声喊道："小红帽呀，门没锁，你拉一下门闩就进来了。"

狼听见高兴坏了，蹑手蹑脚地走过去，轻轻一拉门闩，门就开了。狼二话没说，直接冲到了外婆的床前，一口把她吞进肚子，然后穿上外婆的外套，戴着她的帽子，躺在了床上。可是，它有些不太放心，于是就把窗帘拉了下来，外面的人怎么也猜不到这里发生了什么。狼总算放心了，躺在床上打起了饱嗝，没过多久就打起了呼噜。

这时，小红帽还在森林里跑来跑去，采了好多好多鲜花，都捧不过来了。突然，她看到一边的蛋糕篮子，这才想起了外婆，就赶紧从森林里走了出来，一口气跑到了外婆家，她跟往常一样礼貌地敲了敲门，敲了很久，也没人答应。

067

此时，狼正在做梦，听见有人敲门，慌张极了，它蹑手蹑脚地走到门口，从门缝中看见了小红帽，就乐颠颠地跑回了床上，用被子把自己捂得严严实实的，压低嗓子，发出嘶哑的声音："是谁呀？"

"是我——外婆，我是小红帽！"小红帽赶紧回答。

"小红帽呀，门没锁，你拉一下门闩就进来了！"狼使劲憋了一口气，发出一种奇怪的声音，小红帽以为外婆病得太重了，一点儿也没有在意，就轻轻地拉开门闩，走了进来。

小红帽走到外婆床前，拿出蛋糕，一下子扑到外婆跟前："外婆！快看！您最喜欢吃的蛋糕，妈妈说您吃了病就会好了！"可是，外婆却一点儿也打不起精神来，连看都不看一眼，她扯着嗓子说："我一点儿都不想吃，你还是把它放到一边吧！"小红帽多希望外婆能惊喜地接过蛋糕，然后笑眯眯地称赞她！"可能外婆病得太重了，才会这样。"小红帽这样想，她得想个办法让外婆高兴起来。

于是，小红帽赶紧捧起那束野花，送到外婆身边说："外婆！快看！您最喜欢的野花！"没想到，这次外婆却把头埋进了被子里："讨厌的野花！快拿开！难闻死了，你打算呛死我啊！"小红帽难过极了，她多希望外婆能惊喜地捧着鲜花，然后一把抱住她啊！"一定是外婆病得太重了，才会这样。"她还是这样想。

可是，那只狼可不这么天真，它的眼睛不停地眨巴着，这会儿，它有了新主意。它的声音突然变得温和起来，叫住了小红帽："我的乖孩子，你走了这么长时间，该累了，快过来！外婆搂着你好好睡一觉！"小红帽听了，咯咯地笑了起来，把刚刚的不愉快忘得一干二净。她蹦蹦跳跳地来到床边，脱掉鞋子，一骨碌爬上了床。

小红帽刚刚躺下，就发现外婆有些不太对劲，她总是把帽子压得低低的，还大口地喘着

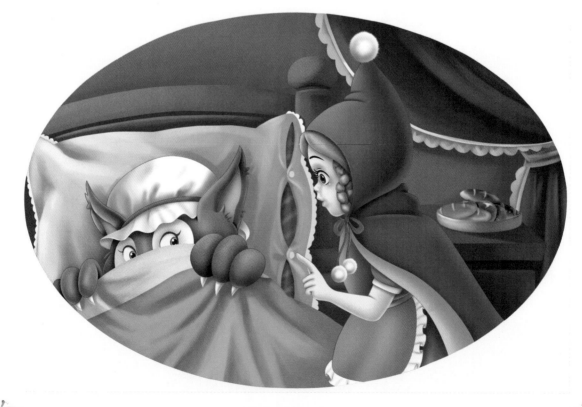

粗气，那样子可怕极了！

"外婆，你没事吧？"小红帽看着外婆，皱起了眉头，"你的耳朵怎么会这么大呀？"

"傻孩子，这还用问？为了把你的话听得更清楚啊！"大灰狼一边说着，一边还把长长的耳朵塞进帽子。小红帽相信了，就慢慢闭上眼睛。

猛地，小红帽又睁开了眼睛，大灰狼正用圆鼓鼓的大眼睛盯着她，她有些恐慌："外婆，你的眼睛怎么这么大啊？"狼笑了，眼里射出一道邪恶的光："这还用说吗？我的小乖乖，为了好好看看你呀！"小红帽听了，又乖乖地闭上了眼睛。

这回，狼露出了长满尖牙的大嘴巴，口水止不住地流了出来，都流到小红帽的脸上了。现在，小红帽害怕地跳了起来："外婆！外婆！你的嘴巴怎么这么吓人呢？"说着，她惊慌地从床上跳下来。

可是，一切都太晚了，大灰狼甩掉了帽子，一个箭步冲上前去，抓住了小红帽："哈哈！我现在就回答你，嘴巴大，就是为了把你吃掉！"小红帽使劲挣脱，大声地呼叫，但是，周围没有一个人听到。没多久，她就被狼吞进了肚子里。

狼吃掉了小红帽，抹着嘴巴，刚想离开。可是，它又笑嘻嘻地走了回来，心想："说不定，还会有人再来，我就统统把他们吃掉。天啊，我是一只多么幸运的狼啊！哈哈！"狼得意地爬上了床，做起了美梦，顿时，雷一样的鼾声响了起来。

终 于 脱 险

那个猎人在森林里转了很久，也没有找到大灰狼，眼看就要到中午了，他又累又渴，想找个地方休息一下。走了不久，就发现树林中有一座木头房子，外面围着好看的核桃篱笆。他跨上大马，很快就来到了门口。

接着，猎人礼貌地敲了敲门，敲了一阵，也没有人出来。他站在门口等了一会儿，也没有一点儿动静，只好轻轻地拉了一下门闩，突然，"嘎吱"一声，门开了！猎人便轻轻地走了进去。

可是，屋子里黑漆漆的，看不清任何东西。就在这时，床边传来了巨大的呼噜声，还夹杂着咝咝的喘气声。猎人听到如此奇怪的声音，不禁一惊："这是谁啊？不会出了什么事吧？"于是，他赶紧点亮了一根火柴，找到了床的位置。就在他想看个明白的时候，那根火柴却灭了。

猎人生气得使劲跺脚，这一来，把正在做梦的大灰狼吓醒了，它竖起耳朵静静地听着周围发生的一切，隐约地闻到了人的味道，心里一阵窃喜："哈哈！他们又上钩了！"于是，它循着气味一直爬到了猎人身边，张开血盆大嘴，对着猎人就是一口。偏偏这时，猎人点亮了火柴，把一切都看清楚了！

猎人忍着疼痛，端起猎枪，正准备射击。突然，一个小女孩的声音从大灰狼的嘴里传了出来。原来，小红帽还活着。这下可急坏了猎人，他不知道该怎么办，眼看着大灰狼又扑了过来，情急之下，他拿起脚边的板凳，对着大灰狼的脑门使劲砸去。顿时，狼觉得整个房子都摇晃起来，它像个不倒翁一样东倒西歪，最后，"扑通"一声重重地摔在地上，晕了过去。

小红帽还在喊着救命，猎人赶紧在屋子里找来一把剪刀，把狼的肚子剪开了。刚刚剪了两下，就发现了一顶小红帽，猎人又剪了两下，这回好了，小红帽直接跳了出来，她打着喷嚏，对猎人说道："真是把我吓坏了！狼肚子里面黑漆漆的，而且到处都是难闻的味道，差点儿把我呛死了！"突然，她好像想起什么，使劲叫了起来："外婆！快救外婆！"猎人听了，赶紧又剪了两下，果然看到了外婆，她的脸憋得通红通红的，眼看着就喘不过气来了。猎人赶紧把外婆从狼肚子里抱了出来，外婆总算得救了！

安顿好小红帽和外婆之后，猎人端起猎枪想一枪打死大灰狼。可是，小红帽却一把挡住了他："我有一个更好的主意——"说着，小红帽拉着猎人跑到院子里，搬来几块大石头，好不容易塞进了狼的肚子里，然后又找来针线，把狼的肚子缝了起来，最后把它扔到了门外。

梦幻童话卷｜小红帽

猎人的话

过了很久，狼终于醒来了，它想站起来，可是那些石头太重了，刚站起来就摔倒在地上。它还以为自己吃多了，就不停地埋怨着："唉！真不应该那么贪吃，现在可怎么办呀？"它唉声叹气地站起来，摔下去，又站起来，再摔下去……不知过了多长时间，终于来到一条小河边，它早就渴得不行了，连滚带爬地到岸边喝水。它刚想伸出舌头舔水喝，可是，脚下一滑，竟掉进了水里。大灰狼怕极了！在水里使劲扑腾，可是，越使劲越往下沉，终于沉到了水底。

看到这里，猎人高兴极了，终于除掉了这个凶恶的家伙，他又转过身来嘱咐小红帽："坏人总是花言巧语，你一定要当心啊！"小红帽听了，使劲点了点头，这次她一定要把猎人的话放在心上。

猎人背着猎枪回家去了，刚走不久，外婆就醒来了，她看到小红帽带来的蛋糕，笑眯眯地不停称赞着。尤其是看到那一捧漂亮的野花时，立刻绽开了幸福的笑容，病一下子就好了。她搂着小红帽，又唱又笑，小红帽也感到自己幸福极了！

从那以后，小红帽再也没有受到任何伤害。听说，在去往外婆家的路上，又出现了一只更为狡猾的大灰狼，猎人正在想办法抓它呢，不过，小红帽却从来没有见过。就算看见了，小红帽也不会上当了，她已经把猎人的话牢牢地记在了心里。

灰姑娘

Princess

Princess

在一次盛大的宫廷舞会上，一位美丽的"公主"与王子相遇了，可是这位"公主"每次与王子见面后，都会急匆匆地离开。王子想尽办法都无法留住她，她一定有自己的秘密！这天，"公主"慌忙离开的时候，不小心丢下了一只水晶鞋，奇迹便从这里开始了……

灰姑娘的不幸

　　很久以前，在一个风景如画的小镇上，有个聪明可爱的女孩。她心地善良，周围的人都很喜欢她。不过，这个小女孩的母亲很早就去世了。后来，父亲又为她找了一个继母。

　　继母有两个女儿，现在成了小姑娘的姐姐。可这两个姐姐虽然外表如同鲜花一般漂亮，但是内心却像蝎子一样狠毒。她们总是想方设法地折磨这个可怜的小女孩。

　　"要这样一个没用的饭桶干什么？整天在屋子里晃来晃去，看着就头疼，还不如养只鸡有用，还是让她滚到厨房里做女佣吧！"继母说完，就脱去了小女孩漂亮的衣裳，给她换上难看的旧外套，一边嘲笑着，一边把她赶到厨房里去了。

　　可怜的小女孩只好在厨房干起了又脏又累的杂活儿。每天在太阳出来之前，她就要把缸添满水。接着，她又要生火、做饭、洗全家人的衣服，做着女佣的工作。而且，她还要忍受两个姐姐对她的嘲笑和讥讽。等到了晚上，劳累一天的小姑娘一点儿力气都没有了，当她想躺下好好休息一下时，却发现连睡觉的床铺也被两个姐姐搬走了。小姑娘只好睡在炉灶旁边的灰土中。这样一来，她的头发上、身上、衣服上都沾满了灰土，又脏又难看。于是，两个姐姐就笑话她，说她是"灰姑娘"。

有一天，父亲要到城里去办些事情。临走前，他问三个女儿，希望他给她们带些什么礼物回来。

第一个女儿抢着说："我要一件漂亮的衣服。"

第二个女儿也争着说："我要珍珠和钻石。"

父亲看见灰姑娘只是默默地站在一边，什么也没有说，就亲切地问："孩子，你想要什么呢？"

灰姑娘说："亲爱的父亲，就把您在回家路上碰着您帽子的第一根榛树枝折下来送给我吧。"

父亲记下了女儿们的愿望进城了。等回来时，他为前两个女儿买了漂亮的衣服、珍珠和钻石，也给灰姑娘带来了一根几乎把他的帽子扫下来的榛树枝条。

回到家里，父亲把礼物拿给了三个女儿。得到漂亮衣服、珍珠和钻石的两个女儿高兴得手舞足蹈。而拿着榛树枝的灰姑娘一个人悄悄地来到了房屋后面的小花园里，走到母亲的坟前，将它栽到了旁边，并小声地哭泣着。以后，她每天都要来到坟边哭泣，她伤心的眼泪不断地滴下来，落在坟前的榛树枝上。榛树枝由于得到了眼泪的浇灌，迅速生长着，很快就长成了一棵漂亮的大树。

不久，有一只小鸟从远处飞到了这里，并在树上建了一个小小的家。时间一长，这只小鸟就和灰姑娘成了好朋友。

偷偷参加宫廷舞会

  在距离小镇不远的地方，是这个王国的都城。国王为了给自己的儿子选择一个称心如意的未婚妻，准备举办一个为期三天的盛大舞会，还从全国各地邀请了不少年轻漂亮的姑娘前来参加。年轻英俊的王子打算从这些参加舞会的姑娘中选一位做自己的新娘。

  灰姑娘的两个姐姐也接到了参加舞会的请帖。她们高兴极了，紧紧地把它贴在胸前，脑海中浮现出了年轻英俊的王子快乐跳舞的情形。不过，她们很快就变了一副面孔，凶巴巴地叫灰姑娘帮她们梳头、试穿衣服和擦鞋子。

  灰姑娘一边帮她们梳洗打扮，一边偷偷地哭泣。她非常伤心，因为她也想参加舞会，想去跳舞。

  于是，灰姑娘帮两个姐姐收拾完之后，就苦苦地向继母哀求，让她带自己去参加舞会。不料继母却对她冷嘲热讽地说："哎哟！灰姑娘，你也想去？你不是在做梦吧！你参加舞会穿什么呀？你连一件像样的衣服都没有！再说，你走起路来像鸭子一样难看，更不要说跳舞

077

了！简直是痴心妄想！"

　　但是，一心想去跳舞的灰姑娘继续不停地哀求着。继母被她说烦了，眼睛转了转，想出一个主意。她拿起旁边的一盆豌豆，"哗啦"一下倒进灰土里，对灰姑娘说："如果在两个小时之内，你能把灰土里的豌豆都拣出来，你就可以去参加舞会了。"说完，就得意扬扬地走了。

　　灰姑娘跑到母亲的坟前，朝着榛树上的小鸟喊道："亲爱的小鸟儿，国王举办了舞会，我也想去参加。但是，继母却让我把灰土中的豌豆全部拣出来才可以去。你能帮我吗？"

　　"可怜的灰姑娘，当然没有问题！我会帮助你的。"小鸟儿说完就展开翅膀飞走了。不一会儿，它带着两只白鸽、两只斑鸠和一些小麻雀飞了回来。这些鸟儿飞到了灰土上，仔细寻找着里面的豌豆，然后把它们拣出来放到盆子里。只用了一个小时，灰土里的豌豆就全部被拣了出来。灰姑娘向它们道了谢，鸟儿们拍着翅膀飞走了。

　　灰姑娘十分高兴。她端着盆子找到了继母，满以为自己可以去参加舞会了。但凶狠的继母又将两盆豌豆倒进了灰土里，并狠狠地搅和了一会儿，说道："如果你能在一个小时之内把这两盆豌豆从灰土里拣出来就可以去了。"说完，又得意扬扬地走了。

　　这次聪明的灰姑娘还是找来小鸟儿帮忙，并且仅用了半个小时就完成了任务。当灰姑娘端着盆子来到继母面前时，继母却说道："算了！你别再白费劲了，你是不能去的。你没有礼服，不会跳舞，去了只会给我们丢脸。"说完，她就带着自己的两个女儿参加舞会去了。

　　现在，家里只留下灰姑娘孤零零的一个人，她很伤心，坐在榛树下小声地哭泣着。这时候，树上的小鸟儿飞到她的肩膀上，小声地安慰着她，还为她带来了一套漂亮的礼服和一双闪亮的水晶舞鞋。灰姑娘止住了悲伤，用最快的速度把自己梳洗打扮一遍，换上礼服，穿上新舞鞋，在她的继母和两个姐姐之后来到了舞会上。虽然她们也看见了灰姑娘，但是见她如此高贵、漂亮，还以为是哪国的公主呢！

　　王子看到了灰姑娘，立刻被她美丽的容貌和优雅的举止吸引住了。很快，他走到灰姑娘面前，热情地伸出手来，邀请她和自己跳舞。

　　灰姑娘勇敢地接受了王子的邀请，跟随他来到舞池中央，高兴地跳起舞来。就这样跳了一曲又一曲，王子的手始终不肯放开她。每当一支舞曲结束，有人邀请灰姑娘跳舞时，王子总是说："这位姑娘在与我跳舞。"

　　不知不觉天已经很晚了，灰姑娘这才想起自己要赶在继母她们之前回到家中，所以就向王子说自己该回家了。王子很想知道这位美丽姑娘的住处，于是坚持亲自去送她。

　　在路上，灰姑娘趁王子没注意，悄悄地溜走了。她先来到榛树下，脱下了漂亮的礼服让小鸟儿带走，然后穿上那件灰色的外套坐到了灰土堆上。王子找不到灰姑娘，只好无奈地回去了。

078

不慎丢失水晶鞋

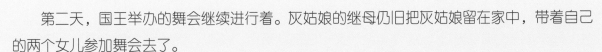

　　第二天，国王举办的舞会继续进行着。灰姑娘的继母仍旧把灰姑娘留在家中，带着自己的两个女儿参加舞会去了。

　　孤零零的灰姑娘又走进后花园，来到了榛树下。不一会儿，小鸟儿飞了下来，并且又带来了一套崭新的礼服，比昨天的还要漂亮。于是，灰姑娘梳洗打扮，换上新礼服，在她的继母和两个姐姐之后又一次来到了舞会上。

　　当灰姑娘来到舞会大厅时，她那美丽的容貌、漂亮的礼服、文雅的举止再次使参加舞会的人赞叹不已。许多人都站起身来，想请灰姑娘与自己跳一支舞。不过，这次还是让一直等待她到来的王子抢先了。

　　于是，王子和灰姑娘走到舞池中央又快活地跳起舞来。不知不觉，天又晚了，灰姑娘要回家了，王子像昨天一样坚持要送她，并且有了昨天的教训，这次跟得更紧了。不过，聪明的灰姑娘还是甩掉了他，跳进了父亲房子后面的花园里。

王子也紧跟着追了过来。灰姑娘机智地看看四周，发现花园里有一棵漂亮的大梨树，黄澄澄的梨挂满了树枝。灰姑娘迅速地爬到了树上，躲在了一根大树枝的后面。

王子追到后花园，四下看看，还抬头看了看梨树，但由于树枝和叶子的遮挡而没有发现灰姑娘。他只好在花园里转来转去。

不一会儿，灰姑娘的父亲出来了，王子赶紧走过去对他说："舞会上那个与我跳舞的不知姓名的姑娘溜走了，我看见她跑到这个园子里，可能就躲藏在树上。"

父亲拿来一把斧子，很快就把树砍倒了，但是树上根本就没有人。这时候，灰姑娘的继母和两个姐姐回来了。继母听完丈夫的叙述，心想："难道舞会上那个漂亮、高雅的女孩儿是灰姑娘吗？"她急忙来到厨房，发现灰姑娘和往常一样，穿着旧外套，正躺在灰土里呢。于是，她认为一定是王子找错了地方。王子只好又失望地回去了。

灰姑娘刚才还在树上，这会儿怎么又出现在厨房呢？原来，她爬到梨树上后，趁着王子转身的工夫，悄悄地从树的另一边溜了下来，迅速脱去礼服，让小鸟儿带走，自己则换上灰色外套回厨房了。

在第三天的舞会上，王子又和灰姑娘跳舞。他发现，今天灰姑娘的礼服比前两天的还要漂亮，那双水晶舞鞋更加让人惊叹不已。他们尽情地跳啊跳啊，不知不觉午夜又要来临了。灰姑娘要回家了，王子仍然坚持陪她一起回去，并暗暗地对自己说："这次一定不能让她偷偷地溜掉了。"

然而，王子的愿望最终还是落空了，聪明机智的灰姑娘又设法从他身边溜走了。不过，由于走得有些慌张，她左脚上的水晶鞋脱落了……

王子拿着脱落的水晶鞋，心想："怎样才能找到这位美丽的姑娘呢？"他想啊想啊，终于想出了一个好办法。

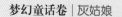

谁是王子的新娘

　　舞会结束后，国王召来了王子，问他在舞会上是否找到了自己喜欢的姑娘。英俊的王子把灰姑娘丢失的水晶鞋拿到父亲面前，说："如果哪位姑娘能够正好穿上这只水晶鞋，我就娶她做我的妻子。"国王答应了。

　　贪婪的继母得到消息，一心想让自己的女儿成为王妃，好享受荣华富贵。于是她就让大女儿去试穿那只水晶鞋。不过，对大女儿来说，那只鞋实在太小了，无论怎么用力，她的大脚趾总是进不去。

　　于是，狠心的母亲对她说："把大脚趾切掉吧！只要你当上了王妃，想到哪儿去坐车就可以了，根本就不需要脚。"

　　大女儿听了觉得很有道理，就傻乎乎地把自己的大脚趾切了下来，然后忍着疼痛，勉强穿上了水晶鞋来到王子面前。王子看她穿上鞋子正合适，就把她当成了在舞会上和自己跳舞的姑娘，与她一起骑在马上回王宫了。

　　当他们经过灰姑娘家的后花园时，榛树上的小鸟儿对着王子唱道："王子！王子！快看那只鞋！鞋太小，不是为她做的！她不是你的新娘！"

　　王子听见了，赶紧下马盯着大女儿的脚看，发现鲜血正从鞋子里流出来。他知道自己被欺骗了，于是掉转马头，把假新娘送回了家，并对她的母亲说道："这不是真新娘，她的脚不能穿上水晶鞋，还是让你的另一个女儿来试试吧。"

　　于是，二女儿又试着把鞋穿在脚上。虽然她的脚趾全部伸进去了，但是脚后跟太大了，还是穿不进去。她的母亲又狠心地让她削去脚后跟，勉强穿上了鞋，然后拉着她来到王子面前。王子看她穿上鞋子正合适，就把她当成新娘扶上马，坐在一起离去了。

　　他们经过榛树时，小鸟儿又唱了起来："王子！王子！快看那只鞋！鞋太小，不是为她做的！她不是你的新娘！"

　　王子低头一看，发现血正从舞鞋里流出来，连白色的长袜都染红了。王子又一次掉转马头把二女儿送了回去，并对她的父亲说："这不是真正的新娘，这只鞋不适合她。你还有女儿吗？"

　　父亲回答说："还有一个，她是我前妻的女儿，叫灰姑娘。不过她又脏又难看，不可能成为你的新娘。"

　　然而，王子坚持要让这位女孩儿来试一试。父亲只好照办了。灰姑娘知道后先把脸和手洗得干干净净，然后走进了正房。见到王子时，她又很文雅地屈膝向他行礼。王子把舞鞋拿给她穿，没想到鞋子就像是专门为她做的一样，不大不小，正好合适。王子非常高兴，走上前仔细看着她的脸，很快认出了这正是在舞会上和自己跳舞的那个姑娘。他高兴地对大家说："这才是我真正的新娘！"

　　王子把灰姑娘扶上马，带着她回王宫了。不久，国王就为王子和灰姑娘举行了隆重的婚礼，并举办了一场盛大的舞会，邀请所有的亲朋好友参加。灰姑娘的两个姐姐也受到了邀请，不过她们却无法参加了，因为她们受伤的脚，至今还隐隐作痛呢！

茉莉公主

Princess

Princess

　　一个非洲魔法师，为了得到无所不能的神灯，不远万里来到东方古国，冒充阿拉丁的伯父，骗他为自己拿出神灯。可是弄巧成拙，他不仅没有得到神灯，反而阴差阳错地让阿拉丁过上了幸福生活，阿拉丁还娶到了美丽的公主。魔法师气坏了，他才不会善罢甘休呢，于是，他又想出了新的阴谋……

神奇的魔戒

在古老的东方大地上，有一个美丽富饶的王国。国王拥有全天下最壮丽的宫殿和最珍贵的宝石。他有一个独生女儿名叫茉莉公主，她不仅漂亮，而且很聪明，国王非常宠爱她。

在离王宫不远处的一条街道上，住着一户贫穷的人家。家中的男主人很早就去世了，只留下妻子和儿子阿拉丁相依为命。阿拉丁聪明、善良，但也非常顽皮。

一天，一个商人模样的人来到他们家里，他一把抱住阿拉丁，对他母亲说："我是这个孩子的伯父，是你丈夫同父异母的哥哥。我们从小就分开了，所以你没有见过我。"

阿拉丁的母亲惊讶极了，因为她从来没有听丈夫说起过他有个哥哥，所以就呆呆地愣在那里。

商人接着说："我常年在非洲经商，积攒了许多财富，但是却没有人来继承。所以我不远万里来到这里，就是想找到我的弟弟，没想到他早已经去世了……不过幸好还有这个孩子。我想把他带在身边，教他经商，这样你也不用再操劳了。"

　　商人说完，拿出一盘金币放在桌子上，说这是送给他们的。阿拉丁的母亲最初还持怀疑态度，当她看到桌子上的金币后，疑惑马上就消失了。她相信了商人所说的话，不然，谁会平白无故地送给别人那么多金币呢！于是她就答应了商人的要求。

　　不过，善良的阿拉丁和他的母亲哪里知道，这个商人的真实面目是魔法师，他通过占卜，知道了在一座名叫卡拉斯的山脚下有一个神秘的洞穴，洞穴里面有一盏样式普通，却有着无边魔力的神灯。无论谁得到它，都将成为不可战胜的万能者。不过，这个洞穴只有阿拉丁才能开启，这就是他帮助阿拉丁的原因。

　　第二天，魔法师把阿拉丁带到了卡拉斯的山脚下。他扒开一片浮土，露出一块巨大的石板，然后对阿拉丁说：“孩子，在石板的下面有一个洞穴，里面藏着无数的珍宝。这些当然都是你的，只有一盏旧油灯属于我！”

　　魔法师又递给他一个戒指，说：“戴上它，它将给你带来无穷的力量。快去吧，揭开石板！你将比最富有的国王还要富有！不过不要忘了我的旧油灯。”

　　“好的，我一定会做到的，伯父。”阿拉丁兴奋极了，他戴上戒指，很轻松地搬开巨石，走进洞穴。洞穴里面非常宽阔，生长着各种树木，上面结满了宝石，每块宝石都如菠萝一般大小。

　　"这些都是我的！"阿拉丁兴奋地说。不过他没有忘记魔法师的话，先是找到了油灯，把它放在了胸前的衣袋里，然后将身上塞满宝石后才按原路返回。

　　当阿拉丁到达最上一级台阶时，发现这一级台阶比其余的都高，由于身上带的珠宝实在太多，他上不来。于是他伸出手来，对魔法师说道："伯父，拉我一把。"

　　"我的孩子，你先把油灯递给我，这样可以减轻你的负担。"

　　"不，伯父！我拿的东西并不重，只是这个台阶太高了。你伸手把我拉出去，我再给你油灯好了。"

　　魔法师一听，双眼立刻放出两道寒光。他以为阿拉丁知道了神灯的秘密，想把它占为己有。可是事实正好相反，阿拉丁毫不知情，他只是把油灯放在衣服的最里面，取出来不方便而已。

　　愤怒的魔法师失去了理智，立即念起咒语，移来一座大山，把洞穴牢牢地封住了。

　　阿拉丁此时才明白刚才的那个商人根本不是自己的伯父，他只是想利用自己而已。后悔莫及的阿拉丁着急地搓着手，无意间擦着了戴在手指上的戒指。瞬间，一个威风凛凛的巨神出现在他面前，用洪亮的声音说："尊敬的主人，我是您的戒指仆人，请问您有什么吩咐？"

　　阿拉丁被眼前突然出现的情景吓坏了，但他马上想到了魔法师的话，知道他来自于神奇的戒指，于是就鼓足勇气说："戒指仆人啊！快把我送回家吧！"

　　阿拉丁刚说完这句话，大地突然裂开了，他还没明白是怎么回事，自己便站在了母亲面前。

无所不能的神灯

经历一场虚惊的阿拉丁向母亲诉说了经过，母亲也生气极了，她刚才还为魔法师给的金币突然变成沙土而疑惑呢，现在终于明白这是魔法师在捣鬼。

"娘啊，不要伤心了，我从洞穴中拿出了许多宝石。你来看！"阿拉丁一边安慰着母亲，一边从身上掏出宝石放在桌子上。阿拉丁的母亲望着宝石，睁大了眼睛，还以为自己是在做梦呢。

阿拉丁把那盏破旧的油灯拿了出来，高兴地说："娘啊，这里还有一盏油灯，虽然它有些破旧，但擦一擦还是可以用的。"

于是，阿拉丁抓来一把沙土，想把油灯擦干净。不料，他刚擦了一下，一个巨神便出现在他面前。只见这个巨神长着尖尖的耳朵，碗一样大的眼睛，嘴角还露出两颗牙齿，凶恶极了。他大声地对阿拉丁说："我是这盏灯的仆人，也是您的仆人。您想要什么，我都会满足的。"

因为有了类似的经验，这次阿拉丁不再害怕了，他从容地发出命令："无所不能的神灯啊，快给我弄些可口的食物吧！"

听了阿拉丁的吩咐，巨神转眼就不见了。不一会儿，一桌丰盛的饭菜便摆在了桌子上。阿拉丁的母亲看着眼前的一切，简直不敢相信自己的眼睛。不过阿拉丁已经明白了魔法师的最终目的，也知道了神灯的魔力远远超过了戒指的魔力。从此，阿拉丁借助神灯的力量，和母亲过上了幸福的生活。

一天，阿拉丁正在大街上散步，忽然听到当差的大声喊道："奉国王圣旨，茉莉公主今日进香，闲人回避！"

阿拉丁很早就知道茉莉公主的美貌天下无双，不过从来没有见过。他好奇地跟在后面，看着茉莉公主从门前经过。"啊！总听说公主美丽，没想到真的如此美丽！"阿拉丁赞叹道。

到了晚上，阿拉丁的脑海里满是茉莉公主的影子。"如果能娶到这样美丽的女子，那该多么幸福啊！但是，国王宠爱的公主怎么会嫁给一个裁缝的儿子呢？"

阿拉丁想着想着，不禁皱起了眉头。不过当他看到桌子上的神灯时，立刻来了精神。

"无所不能的神灯啊！快帮我娶到美丽的茉莉公主吧！不然我会死去的！"阿拉丁刚说完，桌子上便出现一个西瓜般大小的宝石，它的光芒比太阳还要灿烂，颜色比天空还要蓝，光泽比月光还要柔和，手感比象牙还要细腻，更奇妙的是，它还能根据主人的心情奏出不同的音乐，让人们永远处在快乐之中。

当宝石摆在国王面前时，他张开的嘴巴好半天都没有合上。国王打量着阿拉丁，见他举止大方，认定他不是一般的人，于是就同意将公主嫁给他。

阿拉丁又借助神灯的力量在王宫的对面建造了一座极为壮观的宫殿。他把母亲接来，和公主一起在里面幸福地生活着。

089

会飞的宫殿

再说那位魔法师，他将阿拉丁关在洞穴后就回到了非洲故乡。不过他一直惦记着无所不能的神灯，对阿拉丁更是恨得要命。

"过了这么长时间，那个可恶的阿拉丁一定死在洞穴中了，那么谁还能开启洞穴呢？"魔法师拿出卜具开始占卜。不过占卜结果让他大吃一惊，原来神灯已经不在洞穴中了，而阿拉丁不仅没有死，还得到了神灯，并且娶了一位漂亮的公主过着幸福生活呢！

"为了寻求神灯，我吃尽了苦头，而那个该死的阿拉丁却不劳而获，还拥有了财富和地位。我不会善罢甘休的！"于是，魔法师怀着报复阿拉丁并夺取神灯的目的，风尘仆仆地再次来到了这个古老的国家。

魔法师住在了王宫旁的一家旅店里，又拿出卜具占卜，发现阿拉丁并没有把神灯带在身边，而是放在了宫殿里。他高兴极了，大声说："我有办法了！阿拉丁，你等着吧！哈哈哈……"

魔法师先来到商店买了几盏新油灯，然后带着它们，化装成走街串巷的小商人到处吆喝着："谁有旧灯？快拿来换新灯啦！"

"这人一定是个疯子，不要理他。"人们听到他这么喊，都嘲笑着说，甚至还有一些人朝他扔石头。不过魔法师并不在意，而是一个劲地朝前走着，最后来到阿拉丁的宫殿前。

"谁有旧灯？快拿来换新灯啦！"魔法师高声喊着。

巧的是，阿拉丁早上出门去了，无聊的茉莉公主正站在窗前看着下面的街道，她听到了魔法师的喊叫声。

"真奇怪，天下竟有这样的怪人。"公主说。

"一定是假的，骗人的！"旁边一名侍女说。

"嗯，我猜也是。对了，家中不是有一盏又破又旧的油灯么，摆在家里太不相称了，不如拿给他看看，这样一试不就知道真假了吗？"另一名侍女说。

对于神灯的秘密，不要说那些侍女，就连公主也不知道。所以她就同意了这名侍女的建议，说道："好吧，快去把主人房中的那盏旧灯拿给我，我找那人换盏新灯。"

不一会儿，一盏新灯便摆在了公主和侍女们的面前。大家看着它，觉得这个人的行为太不可思议了，于是都禁不住哈哈大笑起来。

不过，拿到旧油灯的魔法师比她们更高兴，他不断地亲吻着神灯，高兴得像小孩子一样跳了起来。他本想拿到神灯后远走高飞，不过刚才见到茉莉公主后，他立刻被公主美丽的容貌吸引了，于是改变了原来的主意。

魔法师一直跑到城市的郊外，然后把神灯端正地拿在手中，用手将其轻轻一擦，一个巨神便出现在面前。

"无所不能的神灯啊！你赶快把阿拉丁的神殿和美丽的公主、连同我都搬到我的家乡吧！"

"愿意为您效劳，尊敬的主人。"巨神说完一挥手，魔法师和阿拉丁的宫殿连同其中的一切便飞了起来，转眼就落在了非洲大地上。

寻找公主

　　自从茉莉公主和阿拉丁住在王宫对面后，一向宠爱这个独生女的国王每天清晨起来第一件事就是观望女儿的宫殿。不想这天他也像往常一样打开窗户，竟然惊奇地发现，原来那座金碧辉煌的宫殿已经不在了，只剩下一片空地，就连女儿也失踪了！

　　国王立即下令把阿拉丁抓来，并把他带到王宫前，指着前面的空地质问道："阿拉丁！你这个骗子！你的宫殿哪里去了？我的女儿呢？"

　　阿拉丁望着前面的空地，呆呆地愣在那里，因为这一切发生得太突然、太不可思议了！国王说："阿拉丁，我命令你在四十天内找回公主，否则我就处死你。"

　　"到哪里去找呢？"阿拉丁一边走一边想，无意中碰了一下魔戒，马上有了主意。他擦拭了一下魔戒并命令说："戒指仆人，快把我的宫殿和妻子都搬回来吧！"

　　"尊贵的主人啊！那是神灯的意愿，我的魔力不能与它相比。所以您的要求我无法满足，但我能把您送到公主身边。"戒指仆人无奈地说。

　　"好吧！把我送到公主身边吧！"阿拉丁说。于是，一眨眼的工夫，阿拉丁就和公主见面了。此时正值早上，魔法师外出了，家中只有茉莉公主一人。阿拉丁急切地问道："亲爱的，我现在急需知道的是，我那盏旧油灯现在在什么地方？"

公主听了丈夫的询问，叹了口气。此时，她已经通过魔法师知道了神灯的秘密，于是就把用旧灯换新灯的经过说了一遍。最后公主还说："现在他每天都把神灯带在身上，我们根本没办法拿到。"

然后公主还告诉阿拉丁，魔法师不仅要得到神灯，还想强迫自己与他结婚，说完，就忍不住掉下眼泪来。阿拉丁不住地安慰她说："亲爱的，不要难过，我们会有办法回去的。"

"嗯，"公主止住悲伤，"我倒有个好主意，但需要你的配合。"然后公主就说出自己的计策，阿拉丁听了满意地点了点头。

傍晚，魔法师回来了，一进门，就看见茉莉公主穿着艳丽的衣裙，打扮得如同仙女一般，正在门口迎接自己。魔法师见茉莉公主一改前几天愁容满面的样子，以为她已经同意自己的求婚，不禁喜笑颜开。

公主把魔法师迎进屋中，端起一杯酒递给他说："亲爱的人儿啊！现在我才明白，你远比阿拉丁伟大，你知识丰富，历尽千辛万苦才得到神灯，他不过是坐享其成罢了。所以我决定嫁于你，如果你接受我的道歉，就请喝下这杯酒吧！"

听了公主的甜言蜜语，魔法师顿时心花怒放，端起酒杯一口喝掉了酒。他刚想说话，却感到一阵天旋地转，立刻昏倒在地上。原来，这是阿拉丁用魔戒变出的含有强烈麻醉药的一杯"美酒"。

阿拉丁走了出来，迅速地从魔法师身上拿出神灯，大声喊道："无所不能的神灯啊，快把我们送回原地吧。"话音刚落，宫殿连同阿拉丁及公主便飞起来落回了原地。

国王和女儿又见面了，他看着女儿和阿拉丁安全地回来了，高兴得眼泪都流出来了。他不仅免去了阿拉丁的死罪，还打算让他继承王位呢！

娜娜公主

Princess

Princess

森林里有一位美丽的公主，一次，她在陪自己的心上人翻越玻璃山的时候，不小心掉进了一个大洞里。就在这时，一个神秘而富有的白胡子老头儿出现了。他是好人还是坏人？他想让娜娜公主做些什么？聪明的娜娜公主能逃出山洞吗？

公主身陷玻璃山

在一片茂密的大森林里，有一个古老的王国，统治这个国家的是一个有着各种奇怪想法的国王。他的妻子很早就去世了，只留下一个漂亮的女儿和他做伴。女儿聪明、可爱，人们都叫她"娜娜公主"。

国王对女儿非常宠爱，总是想着要找一个世界上最伟大的人来做她的丈夫。"王国里的人这么多，怎么才能证明他就是最伟大的呢？"国王整天为这个问题想来想去，愁眉不展。

终于有一天，国王想出了一个"好主意"。他马上把自己的心腹仆人叫过来，凑近他的耳朵，这样那样地交代了一番。

几天后，国王得意扬扬地叫来娜娜公主和众多大臣，让他们陪自己去看一个新奇的东西。大家都感觉很奇怪，不知道国王的葫芦里究竟卖的是什么药。他们穿过王宫，来到了后花园，又穿过花园，来到了花园的后门，便看到一个庞然大物出现在人们面前。

那是一座大山，不过这座大山与其他的山完全不同。别的山都有石头和泥土，有的还长有茂密的树林，而这座大山却是光秃秃、亮晶晶的，在阳光的照射下，反射出耀眼的光芒。原来这是一座由玻璃做成的假山。

国王指着自己的"杰作"，得意扬扬地说："这是一座玻璃山，它光滑无比，如果有人能够从山的这一边走到那一边而不摔倒，那他一定是世界上最伟大的人，我就把女儿嫁给他。"

消息很快传开了，爱慕公主的年轻人纷纷从各地赶来，每个人都信心百倍地说自己才是世界上最伟大的人，只有自己才能娶到公主。不过，当他们看到那座又光又滑的玻璃山时，都哑口无言了，一些人甚至灰溜溜地跑掉了。

这时，一个爱慕公主的年轻人站了出来，说自己一定能征服这座玻璃山，娶到公主。国王非常高兴，当着众人的面对他说："勇敢的年轻人，只要你能走过这座玻璃山，就证明你是世界上最伟大的人，我自然会把公主嫁给你。"

娜娜公主也被这个年轻人的勇气打动了，不禁对他多了几分喜爱之情，于是就向国王提出自己要和这位年轻人一起去翻玻璃山，还说如果他要摔倒的话，自己可以去扶一把。国王答应了。

于是，娜娜公主和年轻人一起走向了玻璃山。走到半山腰的时候，娜娜公主一不留神摔倒了，顺着山坡快速地滑了下去。这时玻璃山忽然裂开了一道缝儿，奇怪的是，公主滑进去之后，裂缝又迅速地关闭了。等到年轻人想拉公主时，公主已经不见了，急得他悲伤地大哭起来。

国王看见了，也大惊失色，急忙叫人带上工具想把山挖开救出公主。但是人们无法确定公主失踪的位置，当然也没有办法救出公主了。

神秘的白胡子老头儿

那么，我们美丽的娜娜公主哪儿去了呢？她有生命危险吗？娜娜公主滑入裂缝之后，一直往下落啊落啊，经过好长时间，才落到了地上。她睁开刚才因为害怕而闭上的双眼，向四周看着，发现自己正处在一个巨大的山洞里。山洞并不黑暗，因为上面有一束光线射下来，并且经过玻璃的反射，显得十分明亮。

娜娜公主站起身，走到山洞的边缘，想沿着山壁爬到洞口逃出去。但是，山壁非常光滑，娜娜公主费了九牛二虎之力也没有爬上去一步，还摔了几个跟头，疼得她几乎哭出声来。更让她难过的是，如果爬不出去，洞里没有吃的、喝的，早晚会被饿死。

娜娜公主想起父亲和那个勇敢的年轻人，想到自己再也见不到他们了，终于忍不住哭了起来。这时候，一个长着白胡子的老头儿出现在公主身边，他轻轻地拍着公主的肩膀，安慰她不要难过。

娜娜公主看着白胡子老头儿，关切地问："老伯伯，您是怎么掉进来的？"

白胡子老头儿笑着说："我就住在这里啊。"

娜娜公主有些迷惑不解，向四周仔细地看了看，终于发现了一所小房子。

白胡子老头儿又对娜娜公主说："我就住在那所小房子里。这里就我一个人，没人给我收拾屋子，没有人给我做饭。所以就把你弄下来，要你给我做女佣，做杂活。"

　　娜娜公主此时才明白，这一切都是白胡子老头儿捣的鬼，她现在恨得想把他一口吞到肚子里，就一口拒绝了老头儿："我不要做你的女佣，快把我送回去！"

　　白胡子老头儿并没有生气，他用严厉的口吻威胁她说："如果你肯做我的女佣并听从我的吩咐，就可以活命。否则就没有食物，只能被饿死。聪明的公主，我想你一定会答应的。"说完，得意地哈哈大笑起来。

　　娜娜公主虽然生气，可是一点儿办法也没有，只好委屈地答应了。

　　早晨，公主要做早饭、收拾屋子、洗衣服，晚上要准备晚饭、铺好被褥。

　　每天早上，老头儿吃完早饭，就会从袋子里掏出一架梯子架在山上，等爬到山顶后再把梯子收起来，消失在洞口。晚上，每次回来时，他都会背回一个鼓鼓囊囊的袋子，里面装满了金银珠宝。

　　就这样，时间一天天、一年年地过去了，公主的年龄越来越大。于是白胡子老头儿就戏称她为"曼丝萝大娘"，而娜娜公主则称老头儿为"伦克朗老汉"。

梦幻童话卷 | 娜娜公主

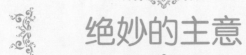

绝妙的主意

　　娜娜公主虽然每天都在为伦克朗老汉做着各种各样的杂活儿，但是逃出山洞的念头一直没有断绝过。她想尽了一切办法，想把伦克朗老汉那架梯子弄到手。但是，这位白胡子老头儿非常精明，没有给娜娜公主留一点儿机会。

　　"这个可恶的老头儿，他到底把梯子藏在什么地方了？我真的没法找到它逃出山洞吗？父亲和那个勇敢的年轻人现在怎么样了？"娜娜公主想着想着，眼泪又止不住地流了下来。

　　不过，娜娜公主并没有灰心，而是决定想个好方法让那个可恶的老头儿自己乖乖地把梯子交出来。聪明的娜娜公主想了又想，终于想出了一个"绝妙"的主意。

　　一天，伦克朗老汉又像往常一样出门了。娜娜公主看着他收完梯子消失在洞口，就迅速地洗碗、扫地、收拾屋子。等一切完成之后，她就将小屋子的所有门和窗户都关上了，并从里面牢牢地固定住，只留一个小窗户半开半掩着。

　　天快黑的时候，伦克朗老汉回来了。他像平时一样轻轻地推门，却发现门已经锁上了。他生气极了，使劲地敲着门，大声嚷道："曼丝萝大娘，快给我开门！"

　　"不开，"娜娜公主在里面大声地回答说，"伦克朗老汉，我是不会给你开门的。"

　　伦克朗老汉见娜娜公主不给自己开门，于是就唱道："可怜的老汉伦克朗，被人关在小屋外，腿儿站得又累又酸。快给我洗盘子，曼丝萝大娘。"

　　"你的盘子已经洗好了。"娜娜公主在里面高声地回答。

　　伦克朗老汉接着又唱道："可怜的老汉伦克朗，被人关在小屋外，腿儿站得又累又酸。快给我铺床，曼丝萝大娘。"

　　"你的床也已经铺好了。"娜娜公主大声地说道。

　　"可怜的老汉伦克朗，被人关在小屋外，腿儿站得又累又酸，快给我开开门，曼丝萝大娘。"

　　"我不会给你开门的！"

　　伦克朗老汉见不管自己怎么说，娜娜公主也不给自己开门，急得他围着房子转来转去。忽然他发现了那个半开半掩的小窗，心想：我不妨从窗户往里看看，瞧瞧曼丝萝大娘到底在干什么，为什么不来给我开门？于是他使劲扒开窗户，尽力往里望去。可是他的白胡子太长了，头无论如何也伸不进去，所以他就决定先把胡子塞进去，然后再探进头往里看。

　　娜娜公主把这一切看得清清楚楚。等伦克朗老汉刚把胡子伸进来，她立即就把预先挂在窗户上的绳子猛地一拉，窗户"砰"的一声关上了。伦克朗老汉毫无防备，胡子被窗户紧紧夹住了。

伦克朗老汉疼痛难忍，眼泪都要流出来了。他可怜巴巴地向娜娜公主恳求道："亲爱的曼丝萝大娘，不！亲爱的娜娜公主，你赶紧打开窗户饶了我吧，我不再让你做杂活儿了！"

"不行！"娜娜公主语气坚定地说，"那样做太便宜你了。"

"亲爱的娜娜公主，不然我把我所有的金银珠宝都给你，这样总算行了吧，要知道那可都是价值连城的稀世珍宝。"

"那也不行！"娜娜公主还是坚定地说。

"那你想要什么啊？亲爱的娜娜公主。"伦克朗老汉带着哭腔说。

"这样吧，只要你把那架爬山的梯子给我就行了。"娜娜公主说道。

伦克朗老汉哭丧着脸，虽然心中一百个不愿意，但还是将梯子从袋子里掏了出来。娜娜公主将一根长长的绳子一头拴在窗户上，另一头自己拿着，迅速地从天窗爬出，搭起梯子向山上爬去。直到爬出了洞口，看到了外面的世界，娜娜公主才松开了绳子，伦克朗老汉赶紧拿出了自己的胡子。

娜娜公主迅速跑下玻璃山，穿过后花园来到王宫，出现在父亲面前。当年那个勇敢的年轻人此时也在那里。他们看见娜娜公主突然出现，还以为自己在做梦呢！

娜娜公主详细地把她掉进洞之后的情形说了一遍，国王立即决定挖山。士兵们按照公主指示的地方，整整挖了一天一夜，终于找到了那个白胡子老头儿。国王立即下令杀掉这个白胡子老头儿，并取走了他所有的财宝。

凭借着自己的智慧战胜困难的娜娜公主与那位勇敢的年轻人最终走到了一起，国王在王宫里为他们举行了盛大的结婚典礼。而从白胡子老头儿那里得来的金银财宝自然成了公主的嫁妆，从此，娜娜公主和自己的心上人开始了他们的幸福生活。

驴皮公主

Princess

Princess

　　真是一件荒唐的事情——因为一个誓言，一位伟大的国王竟然要娶自己的女儿。纯洁的公主为了逃脱这怪诞的厄运，披上难看的驴皮逃走了，仙女预言她会因此而找到幸福。可是，身上披着这么丑陋的装束，公主如何能找到幸福呢？

公主乔装出逃

　　很久很久以前，有这样一位伟大的国王：他统治着天下最富饶的土地，住着天下最壮丽的宫殿，管理着天下最能干的大臣，过着天下最快活的日子。不过，最让国王感到骄傲的是，他娶了天下最美丽的公主作为王后，并且生了一个天下最娇美可爱的女儿。

　　国王有着天下最宽敞的马厩，里面养着各种名贵的骏马。不过，在马厩最显眼的地方，却拴着一只长着长耳朵的驴子。国王对这头驴子非常喜爱，因为它有着非凡的本领：它从来不到处排泄粪便，每天早上，它都会在马厩里排出美丽耀眼的钻石和珍珠。

　　国王虽然非常伟大，却也有无奈的时候。一天，美丽的王后突然一病不起，不管是医生们的全力抢救，还是国王虔诚的祈祷，都没能挽回她的生命，王后最终还是离开了人世。

　　临死前，王后流着眼泪对陪在身边的丈夫说：“我们有一个聪明可爱的女儿，但我们还应该有一个像你一样的王子，因为国家必须后继有人。因此，我求你最后一件事，在我死后，你一定要再娶一位……”

　　“不！”国王没等王后说完，就大声阻止道，“除了你，我不会再娶第二个的。”

　　“国家……国家一定要后继有人。”王后语气坚决地说，“所以你一定要再娶一位公主。不过有一个条件，你找的公主必须比我漂亮，这样……我死后才会安心。”说完，王后便永远地闭上了眼睛。

　　王后死了，国王悲痛万分，不过这悲痛并没有持续多久，他就在大臣们的劝说下考虑再找一位王后了。大臣们四处寻找各国待嫁的公主，将她们的画像呈给国王。国王发现，这些公主虽然都十分漂亮，但与原来的王后相比，都差得太远了。

　　不久，国王忽然发现一个不仅比原来的王后美丽，而且智慧和风度也远在其上的公主。但是这位公主不是别人，正是自己的女儿。公主青春的活力，光滑的肌肤，如花的容颜，使国王的心中燃起了旺盛的爱情之火。所以他向大臣们郑重宣布，自己将娶公主为妻，因为只有她才不会使自己违背誓言。

　　消息传到公主的耳朵里，她几乎昏了过去。她跪倒在父亲脚下，恳请父亲不要这么做。但是，荒唐的想法已经在国王脑子里深深地扎根了，不可能改变。

　　公主走投无路，只好去向丁香仙女求助。丁香仙女是公主的老师，她听完公主的哭诉，温柔地说：“亲爱的孩子，你不能嫁给你的父亲，我们可以提出苛刻的条件让他知难而退。我有一个好主意，只要你照着去做就行了。”

　　第二天，公主对国王说：“父王，我想要一件连衣裙，它要比云彩还要漂亮，比太阳还要灿烂，比鲜花还要美丽。要是得不到这样的连衣裙，我不会答应任何事情的。”

　　公主认为这样会难倒国王，但出乎意料的是，第二天一早，一条漂亮的连衣裙就送到了

她的房间。连衣裙完全符合公主的要求，为了给它增添光彩，国王还把自己王冠上的宝石镶在了上面。

公主失望了，她借口被衣服刺伤了眼睛而躲进自己的卧室里。

丁香仙女正坐在里面。"啊！我的孩子，"她对愁容满面的公主说，"这次，我们一定要再提一个更苛刻的条件。在马厩里，不是有一头能为他提供大量金钱的心爱的驴子吗？你跟他说你就要这头驴子的皮。对，就这么说，快去吧。"

公主转忧为喜，因为她想父亲是肯定舍不得他那头驴子的。不过，当她把这个想法告诉国王的时候，尽管国王对女儿的这种奇怪想法感到惊讶，但还是毫不犹豫地答应了她的要求。可怜的驴子被杀死了，公主得到了它的皮。

公主绝望了，因为她再也想不出别的办法了。

"不要难过，我的孩子，"仙女说，"你一生中最幸福的时刻就要到了。走吧！披上这张驴皮，离开王宫，哪里能收留你就留在哪里吧。你的衣服和首饰都装在一个小箱子里，它会在地下和你的脚步一起走。不管你何时需要，它们都会马上出现。好了，快动身吧。"

公主激动极了，她紧紧地拥抱着老师，恳请她永远保护自己。然后她把自己的脸涂黑，披上那张难看的驴皮，悄悄地逃出了王宫。

104

蛋糕里的戒指

公主失踪了。正准备举行结婚大典的国王再也坐不住了，他不断地派人去寻找。然而，公主由于有仙女的隐身法保护，即使最聪明的搜寻者也无法发现她。

逃出王宫的公主一直往前走呀走呀，想找一户人家留下来。虽然人们很同情她，但都因为她身上那张难看的驴皮而把她打发走了。她只好继续向前走，一直来到一座美丽的城市。城市的郊外有一个牧场，正巧女主人需要一个干杂活儿的女佣，她见到这个无家可归又肮脏的女孩儿，就把她留了下来，公主也很高兴。

公主被安排在厨房旁边的一个小房间里，这里的人很讨厌她身上的那张难看的驴皮，都嘲笑地把她叫作"驴皮"姑娘。

一天，公主把羊群赶到了一条小河边，她在小河边坐下，看着羊儿自由地吃着绿草。她低下头，想看一眼河水里的鱼儿，却看到了她那张肮脏的脸和丑陋的驴皮。"难怪别人都讨厌我！没想到我竟是这样的可怕！"公主惊讶地说。

公主连忙脱下驴皮，跳下小河高兴地洗了个澡。洗过之后，她那比象牙还细滑的皮肤、比鲜花还漂亮的脸蛋又重新显露出来。她又从一直跟随自己的小箱子里拿出漂亮的连衣裙穿上，兴奋地跳起舞来。但是等到回牧场时，她不得不再披上那张令人恶心的驴皮。

一天，牧场放假，公主见屋子里只有自己一人，就忍不住穿上了漂亮的连衣裙跳起了舞。就在这时，牧场所在的王国的王子刚好打猎回来，经过牧场时停下来休息，巧的是，他休息的地方就在公主住的屋子旁边。

王子抬头看见了这间紧闭着门窗的小屋，又听见里面好像有跳舞的声音。他好奇地悄悄来到门边，紧贴着锁眼向里望去。

啊！他简直不敢相信自己的眼睛，屋子里竟有一位如此美丽、穿戴如此华丽的女孩儿！王子兴奋极了，要不是他把那位女孩儿当成女神，一定会冲进去的。

王子离开以后四处打听是谁住在那间小屋里。有人告诉他，那是一个名叫"驴皮"的女佣，还告诉他这个名字的由来。不过，王子对这个答案并不满意，他不能将"驴皮"和心中的女神联系在一起。

回到王宫，小屋里女孩儿的身影总是出现在王子的脑海里。"我当时真应该敲门进去！"王子又是后悔又是自责，因此一病不起。医生用尽办法也无济于事，不过他们告诉王后，王子的病是因忧虑而起的。

王后来到王子床前，温柔地对他说："亲爱的孩子，说出你想要什么吧，哪怕是你想要父王的王冠，他也会毫不犹豫地退位；如果你爱上了哪位公主，哪怕她的国家与我们有天大的仇恨，我们也会忘记。我只求你不要死去，如果你死了，我和你父王也不会活下去了。孩子，说吧！我们都会满足你。"

王子望着泪流满面的母后，心中十分感动，他用微弱的声音说："母亲，我怎么会那样无情无义，想夺取我父王的王位呢？至于和哪位公主结婚，我也要按您的旨意来行事。我不想让你们为我伤心，所以我就说出我的心愿——要那个叫'驴皮'的姑娘给我做一块蛋糕送来。"

"驴皮！"王后惊讶地说，"驴皮是谁？怎么还有这样奇怪的名字？"

"驴皮是您牧场上一个又黑又脏的女佣，因为她总是披着一身驴皮，所以才叫这个名字。"一名仆人回答。

"这有什么关系，"王后说，"只要能救我儿子的命就行，快叫'驴皮'做一块蛋糕来！"

仆人们很快跑到牧场，找到了"驴皮"姑娘，命令她尽心尽力为王子做一块蛋糕。

公主听到这个消息高兴极了，因为当王子从锁孔看自己的时候，她也发现了王子，还从窗子看见了王子远去的背影。尽管她后来才知道那是王子，但是他英俊的形象在那时就已经深深地印在她的脑海里了。她总想找机会遇到王子，而现在机会来了，于是她想出一个好主意。

公主紧紧地关上房门，脱掉身上难看的驴皮，洗干净脸和手，开始为王子做蛋糕。在揉面时，她将一枚戒指放了进去，等蛋糕烤好后，她重新披上驴皮，把蛋糕交给了仆人。

王子从仆人手中接过蛋糕，立刻狼吞虎咽地吃起来，很快他就发现了蛋糕中的那枚戒指。王子仔细地端详着，戒指是那样小巧，只有世界上最纤细、最美丽的手指才能戴上它。王子亲吻了这枚戒指，仿佛又看到了在小屋里跳舞的女神。

106

真相大白喜相逢

　　王子把那枚戒指放在枕头下面，只要没人的时候，就会偷偷拿出来欣赏。他真想见到戒指的主人，但又怕人们因为讨厌那张驴皮而不让她进来。"怎么才能见到她呢？"王子苦恼极了，整日想着这件事，结果刚好一点的病情又加重了。一个有经验的医生悄悄告诉王后："王子得了相思病。"

　　王后坐到王子床前，又流着眼泪对他说："亲爱的孩子，快告诉我吧，告诉我谁是你的心上人。不管她是谁，哪怕是敌国的公主，或者是最下贱的女仆，我都会把她找来！快告诉我！"

　　王子又一次被母亲的爱感动了，他也含着眼泪。"母后，我并不是要找一个让你们不高兴的人结婚，"王子说着，把戒指从枕边拿了出来，"我想娶能够戴上这枚戒指的女孩儿。您看这枚戒指是这样小巧，能够戴上它的人一定有双纤细、美丽的手，她一定是一位高贵、漂亮的公主。"

　　王后接过戒指看了看，即使自己的手指也不能戴上它，所以也认为王子的推断是正确的。于是她就让人向全国和邻近各国发出通知，让所有的姑娘都来试戴那枚戒指，还说不管是谁，只要能戴上它，就可以嫁给王子。

　　首先来试戴戒指的是各国的公主们。虽然她们的手指非常纤细、漂亮，但与戒指相比，还是粗了一些。然后来的是公爵、侯爵的小姐们，她们一个个地试戴，但都戴不上，只能恨自己的手指太粗了。接着来的是各地富有家庭的女孩儿们，但也是白费力气，手指粗得都不能戴进戒指。

　　这时候王子的病有些好转了，就坐在床边亲眼看着

梦幻童话卷 | 驴皮公主

女孩儿们试戴戒指。后来歌女们、舞女们甚至女佣、牧羊女都来了，结果没有一个人能够戴上那枚戒指。

"还有姑娘没有试过吗？"王后问。

"没有了。"仆人回答。

"前几天为我做蛋糕的那个'驴皮'姑娘试戴过吗？我怎么没有看见她？"王子急切地问道。

周围的人都笑了。"王子，她那么脏，那么丑陋，根本就不用试的。"一名仆人回答道。

"既然没有人能够戴上，为什么不让她来试试呢？把她叫过来吧！"王后命令道。

仆人摇了摇头，跑出王宫找"驴皮"姑娘去了。他边跑边想："这肯定是白费功夫的。"

自从王后发出的通知传到牧场后，公主又是高兴又是担心。高兴的是，马上就能见到王子了。但是她又担心会出现一个手指比自己还纤细的女孩儿戴上那枚戒指。当仆人敲起小屋房门的时候，她的担心一下子就消失了，她知道还没有人能够戴上那枚戒指。

"王子叫你去试戴戒指，不过你不要太高兴了，因为这是根本不可能的事，我还担心你这副模样会把王子吓坏呢。"仆人一边冷嘲热讽，一边把公主带进了王宫。

当公主站在王子面前的时候，王子确实吃了一惊，他不敢相信眼前这个披着驴皮、又黑又脏的女孩儿是他曾见到过的那位端庄美丽的女孩儿。

"你是住在牧场厨房旁边那个小屋里的女孩儿吗？前些天的蛋糕是你做的吗？"王子惊讶地问。

"是的！"

王子还是不敢相信。"那把你的手伸出来试试这枚戒指吧。"王子失望地说道。

109

当公主把手伸出来的时候，王子、王后以及屋中所有的人都惊呆了。他们满以为会看见一只又黑又粗的手，却不想从令人恶心的驴皮下面伸出的是一只洁白细嫩的小手：比玉石还要细滑、比雪还要洁白，尤其是那纤纤细指，更是毫不费力地戴上了那枚戒指。

并且，公主身上的驴皮也忽然不见了，取而代之的是那一身比云彩还漂亮、比太阳还灿烂、比鲜花还美丽的连衣裙。脸上的黑灰也不见了，重新露出了美丽的容颜。王子一眼就认出来了，这正是那天在小屋里跳舞的美丽的女孩儿。

王子的病立刻好了，他一把拉住公主，仔细地欣赏着。公主羞怯地低着头。王后高兴极了，连声问公主是否愿意嫁给王子。

这时候，丁香仙女出现了，她用一种优美而庄重的语调介绍了公主的身世和经历。王后听后欣喜无比，王子对公主爱得更深了，周围的人也改变了对她的看法，由讨厌变得敬重、喜爱了。

不久，王子和公主结婚了。婚礼当天，公主的父亲也来了，他已经放弃了当年那种荒诞的想法，请求女儿的原谅并送来祝福。公主原谅了父亲，并在人们的祝福声中开始了幸福的生活。

孔雀公主

Princess

Princess

　　美丽而神奇的孔雀国里有一位公主，她嫁给了真心爱她的召树屯王子。可是有一天，恶毒的巫师趁王子出征的时候，竟然诬陷孔雀公主，还要国王烧死她，可怜的孔雀公主该如何逃脱这样的厄运呢？

羽衣不翼而飞

　　很久很久以前，在奔流不息的澜沧江边有一个美丽的王国，这里的人都喜欢唱歌、跳舞。威严的国王有一个儿子，名叫召树屯，他聪明、勇敢，人们都喜欢他。不过据人们讲，在王子刚出生的时候，巫师就预言他的婚姻将充满曲折。

　　在离这个王国很远的地方，有一个神奇的孔雀国。老国王巴团有七个女儿，她们每人都有一件美丽的孔雀羽衣，披上它就可以在空中任意飞翔，因此人们叫她们为孔雀七公主。孔雀七公主个个都很漂亮，就像盛开的七朵白莲花。其中，最小的妹妹南木诺娜是最美丽的。

　　孔雀七公主有一个习惯，每隔七天，她们就要披上美丽的羽衣，飞到碧波荡漾的金湖去洗澡。金湖被青山和绿树环绕着，各种鸟儿在这里玩耍、嬉戏。每当她们到来的时候，花儿都会为她们开放，云朵也会绽放出五彩的光芒。

　　这天，七位公主又一次来到金湖。她们把脱下的羽衣放在湖边，尽情地在湖里嬉戏，十分开心。不知不觉天渐渐黑了下来，她们这才想起父母还等着她们回家呢。于是急忙回到岸

边，披上羽衣。但是，南木诺娜公主却怎么也找不到自己的羽衣了！大家找遍了草地四周也没有发现。金湖离孔雀国很远，没有羽衣是根本没有办法回家的。南木诺娜公主急得眼泪都快流出来了。

那么，南木诺娜公主的羽衣究竟到哪里去了？是被人偷走了吗？事实正是这样，不过偷走羽衣的不是小偷，而是聪明、勇敢的召树屯王子。

原来，在七天前，召树屯王子带领随从到森林里打猎，他为了追逐一只金鹿，越过了许许多多高山，来到这片美丽的金湖边。不想金鹿跑进树林就不见了，王子和侍从们正垂头丧气地准备返回时，一阵银铃般的笑声传入耳中。

王子感到十分好奇，顺着声音来到了湖边的森林里，刚好发现七个美丽的少女正在湖中嬉戏。她们柳枝一般的腰身、花一样的笑容，立刻把王子给迷住了，而南木诺娜公主更是让王子心神陶醉。

"真美啊！她真是我心中理想的新娘。"王子望着南木诺娜公主美丽的身影，赞叹道。

王子慢慢向湖边的草地走去，想唱一首情歌表达自己的爱意。可是，还没有等他走出树林，孔雀七公主已经披上羽衣飞到了空中，一眨眼就不见了。

召树屯王子望着被夕阳染成金黄色的湖水，心中一片茫然，呆呆地站在那里。

此时，王子的好朋友神龙站在王子的背后，无所不知的神龙看出了王子的心思，马上说："王子，刚才在湖里嬉戏的就是神奇的孔雀国的七公主，而你喜欢的是她们中最小的妹妹，名叫南木诺娜。每隔七天，她们就要来这里一次，你不妨在湖边住下，耐心等待。等到她们再飞来洗澡时，悄悄取走南木诺娜公主的羽衣，这样她便无法飞走，你就可以向她表达自己的爱意了。"

召树屯王子听了神龙的话，不禁喜出望外，刚才愁闷的心情一扫而空。他马上决定在树林里住下，等待孔雀公主的再次到来。

就这样，王子等啊等啊，觉得每一天都是那么的漫长。终于又过了七天，孔雀七公主果然来了。王子按照神龙的安排，趁着七位公主在水中玩得正欢的时候，悄悄走出树林，把南木诺娜公主的羽衣拿走了。

召树屯王子看着急得要哭的南木诺娜公主，心中十分不安，于是悄悄走出了树林，把羽衣轻轻地披在了公主的身上，还把一束美丽的鲜花捧到了公主的面前。

南木诺娜公主被眼前的情景惊呆了，她不知道这究竟是怎么回事。王子红着脸，向公主解释了原因，并表达了自己的爱意。南木诺娜公主被王子打动了，她也渐渐喜欢上了这位英俊的王子。

其他六位孔雀公主也被王子的诚心感动了，同时也为小妹妹遇到真心喜欢自己的人而感到高兴。南木诺娜公主决定和召树屯王子回去，于是就含着眼泪向六位姐姐告别。六位公主也流着眼泪，祝福着小妹妹和王子，慢慢地飞走了。

公主遭遇陷害

　　召树屯王子带着南木诺娜公主回来后，国王为他们举行了盛大的婚礼。结婚后的公主非常喜欢这片美丽的国土和善良的百姓，她经常披上美丽的孔雀羽衣，教人们跳优美的"孔雀舞"。人们也都非常喜欢这位美丽、善良的公主，尊敬地叫她"孔雀公主"。

　　但是不久，邻国发起了战争，战火一直烧到了这个美丽王国的边境。为了保卫世代居住的家园，勇敢的召树屯王子决定对敌人进行反击。他和孔雀公主整整商量了一个晚上，定下了一个杀敌的计谋。当太阳把它的光辉再次洒向大地的时候，王子告别了心爱的公主，骑上白色的骏马，带着英勇的士兵出发了。

　　战争刚开始的几天，王宫里不断传来王子被敌人打败，一步一步向后退却的消息。眼看自己的家园就要遭到破坏，国王急得在王宫里转来转去，却一点儿办法也没有。人们也都惊恐万分，只有孔雀公主一个人没有惊慌，还像平时一样唱歌、跳舞。

　　这时，王宫里一个恶毒的巫师对国王说："邻国发动战争，王子一步步败退，眼看国土遭到破坏，这一切都是南木诺娜造成的。她本来是一条恶毒的蛇，给我们带来了灾难和不幸。只有把她杀掉，我们才会平安。"

　　糊涂的国王听信了巫师的话，决定将美丽的儿媳——孔雀公主烧死。公主无论怎么解

释，国王就是不肯听。

就这样，美丽的孔雀公主被绑在了王宫前的一片空地上，这里曾是她教人们跳舞的地方。人们虽然不相信巫师的鬼话，但也没办法说服糊涂的国王。

孔雀公主抬起头，望着满天闪耀的星星，想起了此时正在远方和敌人战斗的王子，心里非常难受，眼睛里充满了泪水。她对国王说："请满足我最后一个请求，让我披上羽衣，再跳一次舞吧！"国王同意了。

南木诺娜公主又披上了那件如鲜花般美丽、星星般灿烂的孔雀羽衣，脚步轻盈地跳起了孔雀舞。她优美的舞姿中充满了对人们的热爱与对和平的向往，在场的每一个人都忍不住流下眼泪来。跳着跳着，南木诺娜公主渐渐地化成一只孔雀，慢慢地展翅飞上了天空。在银白色月光的照耀下，孔雀绕着空地飞翔了三圈，像是与人们告别，然后渐渐消失在远方。

第二天，太阳从东方升起，召树屯王子带领着士兵们胜利归来了。人们得到消息，纷纷来到郊外迎接凯旋的战士。王子一边向大家致意，一边寻找着朝思暮想的南木诺娜，可结果却令他非常失望！

在国王为他们举行的庆功宴上，王子高兴地对大家说："这次能够打败敌人，多亏了南木诺娜。出征前一天，她一晚上没睡，想出了这个诱敌深入的办法，我们才能够取得胜利。但是，她现在在哪里？我怎么没有看见她呢？"

国王一听，这才知道错怪了孔雀公主，心中十分后悔。但他还是把孔雀公主的事情告诉了王子，王子禁不住打击，昏了过去。他醒来后，坚定地对国王说："我一定要找回南木诺娜，否则我的生命也没有意义。"说完，就走出了王宫。

寻找美丽公主

召树屯王子先是找到好朋友神龙，问他孔雀公主在什么地方。无所不知的神龙告诉他，公主已经回到了她的故乡——孔雀国，那是一个非常遥远的地方，要翻过许多高大的山峰，要越过凶险的森林和原野。尽管这样，勇敢的王子丝毫没有动摇找回公主的决心。神龙将三支具有魔力的黄金箭送给了王子。王子带着黄金箭，骑上骏马，朝着遥远的孔雀国出发了。

一路上，王子翻过了一座又一座高山，越过一片又一片原野，克服了一个又一个困难，离孔雀国越来越近了。这天，王子来到一个山谷，这是去往孔雀国的必经之路，但是山谷的谷口被两块巨大的山石封住了，没办法前进一步。王子往后退了退，抽出一支黄金箭，搭在弯弓上狠狠地射向山谷。只听见"轰"的一声，大山不见了，谷口完全显露出来，王子骑着马迅速通过了山谷。

又是一段漫长而艰辛的路程，王子的身上已经伤痕累累了，但是他一直坚持着，他知道再往前走就是孔雀国了。终于，就在出发后的第八十一天，王子终于来到了神奇的孔雀国。但他无心欣赏这里美丽醉人的风景，径直走进王宫，请求国王让他带走南木诺娜公主。

可是，孔雀国的国王巴团认为召树屯的族人对南木诺娜公主很不公平，决定对王子进行

一次考验，看他对公主是否是真心的，是否拥有保护公主的能力。于是，国王巴团就把七个女儿全部叫出来，让她们每个人头上都顶着一支点燃的蜡烛，站在纱帐后面，让王子从中找出他的妻子，并用箭射灭烛火。

王子静了静心，然后闭上眼睛，默默地想念着公主，而此时南木诺娜公主也正想念着久别的王子。渐渐地，两个人的思想神奇地交融在了一起。王子突然睁开双眼，猛地抽出第二支黄金箭，一箭把孔雀公主头顶的烛火射灭了。周围的人立刻欢呼起来，孔雀公主拉开纱帐，飞快地跑到王子身边。经历了一场磨难的两个人含着眼泪紧紧拥抱在一起，发誓从此永远不再分开。

王子找回了孔雀公主，召树屯的族人们用最热烈的方式欢迎聪明、美丽、善良的孔雀公主的归来。王子先是找到了那个陷害公主的巫师，用第三支黄金箭将他射死。巫师死后立即现出了原形，原来他竟是一只秃头老鹰。

夜晚，人们在王宫前燃起一堆篝火，孔雀公主、王子和人们一起围着火堆唱啊、跳啊，人们默默地祝福着王子和公主，祝福他们永远幸福、快乐。

后来，孔雀公主成为正义、善良、聪明的化身，她的故事被她的后人一代一代地流传着，而她留下的"孔雀舞"至今还为人们所喜欢呢！

玫瑰公主

Princess

Princess

美丽的玫瑰公主有着天仙一般的容貌，向她求婚的人数不胜数。可是她天生傲慢，看不起所有人，于是国王做出了一个惊人的决定——把她嫁给了一个乞丐，并赶出了王宫！整天锦衣玉食的公主要靠乞讨为生了，这是真的吗？

 # 公主嫁给乞丐

  在茂密的大森林的尽头，有一座金碧辉煌的王宫，王宫里住着一位慈祥、英明的国王。玫瑰公主就是这个国王的女儿，她有着鲜花一般的容貌，宝石一般的眼睛，杨柳一般的细腰和百灵鸟一般的声音。凡是见了她的人总是禁不住要多看几眼，并夸奖几句。慢慢地，公主便陶醉在人们的夸奖之中，一天一天骄傲起来。

  公主渐渐长大了，王国中许多爱慕公主的人纷纷来到王宫向她求婚，但骄傲的公主一个人也没有看中，不仅拒绝他们的美意，还把他们每个人都嘲笑了一番。

  "瞧瞧他们这些人，就那种丑巴巴的模样，还想来求婚，简直是癞蛤蟆想吃天鹅肉。"玫瑰公主撅着樱桃般的小嘴，轻蔑地说道。

  看到公主这么骄傲，国王想到了一个办法，他决定在王宫举行一次盛大的宴会，邀请许多国家的国王和王子前来参加。他想："本国中没有中意的人，这下来了这么多国王和王子，里面总该有令公主满意的吧。"

  宴会开始了，首先入席的是几个尊贵的国王，接着是衣着华丽的王子们。玫瑰公主走了过来，抬着头，眯着眼睛，瞅瞅这个，看看那个，一副目中无人的样子。

  "天啊，这是个人吗？简直像一个啤酒桶。"公主指着一个胖胖的国王说道。不过事实上，那个国王只是稍微胖一点而已，完全没有公主说的那样夸张。

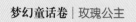

　　"呀！好大的一只蚊子啊！"公主又指着一个高高瘦瘦的国王说道。接着，公主每看过一个国王，就挑出一些"毛病"来进行嘲讽。她把稍微矮一点儿的国王称作树桩；把脸色稍白一点儿的国王说成一具死尸；把脸色红润的国王叫作公火鸡；把身板不太直的国王叫作放在炉子后面烤干的弯木头……就这样，公主一边走一边评论着，没有一个人被她看上。

　　公主来到一位国王面前，她见这位国王的下巴长得有点儿翘，不禁大笑起来："哈哈！我的天哪！这家伙的下巴哪像人的啊，完全和画眉嘴一模一样！"从这之后，这位国王就被人们称为画眉嘴国王。

　　老国王一直在旁边默默地看着公主，女儿如此傲慢地对待每一个求婚的人让他十分生气。他一把拉过公主，当着众人的面对她说："既然你连尊贵的国王都看不上，我只好把你嫁给乞丐了。明天第一个上门来讨饭的乞丐就是你的丈夫！"

　　第二天一大早，一个走街串巷到处卖唱的乞丐来到了王宫的门口。国王听见了歌声，便把他叫了进来。卖唱的乞丐穿得破烂不堪，衣服上打着许多补丁，脸上还有厚厚的一层污泥。他唱完一首歌之后，便恳求国王施舍他一点儿东西。

　　"你的歌让我非常开心。这样吧，为了表达我的感谢，我把我的女儿许配给你吧。"国王指着身边的玫瑰公主对乞丐说。

　　玫瑰公主听了，刚才还很高傲的头马上低了下来，吓得浑身发抖。

　　国王接着说："我曾经说过，要把你嫁给第一个上门来讨饭的乞丐。身为国王，我必须遵守诺言。"说完，国王就为玫瑰公主和这个乞丐举行了婚礼。

公主做买卖

　　婚礼结束后，国王对公主说："现在你已经是这个乞丐的老婆了，宫中就不能再留你了，赶快和你的丈夫一起去讨饭吧！"说完就让士兵把公主赶了出去。

　　公主没有办法，只好含着眼泪，三步一回头地跟着乞丐走了。乞丐显得非常得意，一边走还一边高兴地唱着歌，那神情简直和国王一样神气。

　　他们从早上离开王宫，一直走到中午。玫瑰公主从来没有走过这么远的路，此时早已经筋疲力尽、气喘吁吁了。她看见前面不远处有一片树林，急忙用尽最后一点儿力气来到树林边，瘫倒在一棵树下，口里不住地喘着粗气。乞丐也只好停了下来，站在公主的旁边。

　　"真舒服啊！这里有树枝遮挡阳光，有树干可以依靠，真是比王宫舒服多了。"公主兴奋地说，"但不知道这片树林是谁的，不然我真要好好感谢他。"

　　乞丐在一旁答道："这里是那位心地善良的画眉嘴国王的领土，树林当然也是他的。假如当初你嫁给他，现在不就是你的了吗？"

　　玫瑰公主听了，心中十分后悔，小声地说道："唉，我真傻。如果当初不那么骄傲，嫁给画眉嘴国王就好了。"

　　不过现在后悔也来不及了，玫瑰公主休息一会儿之后，又跟着乞丐上路了。一路上，公主看见了地毯一般的绿草地、玉带一般的河流和明镜一般的湖泊，每一样都让她兴奋不已。不过，每当她问起它们属于谁的时候，乞丐总是告诉她："这是属于心地善良的画眉嘴国王的。"

　　玫瑰公主伤心极了，不住地唉声叹气道："唉，我真傻。如果当初不那么骄傲，嫁给画眉嘴国王就好了。"

　　乞丐听后气愤极了："你总是想着嫁给别人，难道我配不上你吗？"

　　公主不说话了，一言不发地继续走着。最后，他们俩来到一所很小很破旧的房子前，公主大声地问："天啊！世界上还会有这么矮小、这么破旧的房子吗？谁会住在这里呢？"

　　"亲爱的，请不要生气，这就是我的房子，也是你的家，我们将共同在这里生活。"乞丐微笑着说。

　　"我们的佣人呢？"公主问道。

　　"我们连自己都养不起呢，怎么养佣人啊？"乞丐回答说，"不要抱怨了，赶快生火做饭吧，我都累得不行了。"

　　公主的肚子也咕咕叫了，但她从来没有煮过饭，所以只好呆呆地站在那里。没办法，乞丐只好亲自动手做了一顿简单的晚饭。吃完饭，两个劳累不堪的人就倒在一堆柴草上睡着了。

第二天一大早，公主还没睡醒，乞丐就把她叫了起来，说："现在你已经是我老婆了，所以要帮我料理家务、干活儿挣钱。"说完，就扔给公主一些柳条，让她编些筐子去卖。可是，一个筐子还没编完，公主细嫩的双手就被粗硬的柳条弄伤了。

乞丐非常生气，大声说道："娶了你当老婆，我真是倒霉透了！这样吧，我这里有些锅碗瓢盆之类的陶器，你拿到市场上去叫卖吧，这样总不会伤到手指吧。"

"天哪！"公主心想，"到市场上卖陶器，如果被自己王国里的人看到，他们一定会嘲笑我的。但是如果不去，又能干些什么呢？"

没有办法，公主只好硬着头皮来到市场上卖陶器。人们见她长得漂亮，价钱也合理，所以大家都爱到她这里买东西。渐渐地，公主和乞丐两人便有了一些积蓄。

可是好景不长，有一天，公主像往常一样正在市场里叫卖的时候，不知道从哪里钻出来一个醉汉。他在大街上东撞西撞，忽然碰到公主的货摊，陶器"哗啦"一声掉在地上，摔了个粉碎。

"天啊！这可是我们的全部家当啊！这叫我们怎么活啊？"公主一边哭着，一边跑回家，把发生的一切告诉了乞丐。

"别哭了！哭有什么用！"乞丐训斥公主说，"我早就说过，娶了你，我真是倒霉透了！这样吧，我到画眉嘴国王的王宫里打听一下，看看那里是否需要帮厨女佣。"

两天后，公主便出现在王宫的厨房里，成了一名帮厨女佣，干着厨房里最脏最累的活儿。她还在衣服里缝了一个口袋，里面放了一只带盖的罐子。每天她都把王宫里吃剩下的饭菜放在里面，然后带回家中作为晚餐。

会变的国王

　　时间飞快地过去，转眼间，玫瑰公主成为帮厨女佣已经一个月了。这天，一个消息传来，画眉嘴国王要在王宫里举行一场盛大的宴会。

　　宴会大厅布置得富丽堂皇：铺在地上的是镶着宝石的地毯，挂在门上的是珍珠和玛瑙串成的帘子，照亮整个房间的是用水晶制成的宫灯。宴会的桌子是用黄金做成的，上面摆满了各种美味佳肴。每位宾客都穿着华丽的衣服，脸上露着灿烂的笑容。

　　与这些宾客相比，沦为女佣的玫瑰公主显得非常可怜。这时，她正躲在大厅的门后，看着欢快的人们暗自伤神呢。

　　宴会过后，舞会开始了。在悠扬的乐曲声中，高贵的国王走了出来。他从大厅的正门走入，一眼就看见了躲在门后的玫瑰公主。国王走到她跟前，礼貌地说请她一起跳舞。

　　公主做梦也没有想到会出现这样的事情。她抬起头，看了一眼国王。"啊！怎么是你？不……不可能！不！"公主忽然惊叫起来，并赶忙捂住脸，好像生怕被对方认出自己似的，转身就逃。但是，国王把她拉住并拖进了舞池。

　　公主羞愧极了！这并不是因为自己衣着破旧，而是因为把她拖入舞池的国王正是被她嘲笑过的画眉嘴国王！

　　公主满脸通红，不敢抬头看任何一个人，总想找个机会溜走，不想一不小心摔倒在地上，她衣服口袋里的罐子一下子滚了出来，剩饭剩菜流得满地都是，大家一下就笑开了。公主更是羞愧得恨不得找个地缝钻进去。她爬了起来，不管不顾地向门口跑去，但又被画眉嘴国王拦住了。

　　画眉嘴国王亲切地对她说："不要跑了！请听我说。我早就知道你就是美丽非凡的玫瑰公主了，不过，你知道我是谁吗？"

　　"你不就是那个画眉嘴……啊，不！都怪我，都怪我当初太骄傲了！"玫瑰公主羞愧地说。

　　"不！你仅仅猜对了一半，再仔细看看，我到底是谁？"

　　"你是……"公主仔细打量着画眉嘴国王，努力回忆着，"啊！你是……"公主又发出一声惊叫，后面的话再也说不出来了。

　　"不错，"画眉嘴国王说，"我是画眉嘴国王，也是你的丈夫，和你在那个破破烂烂的小房子里生活的乞丐，同时也是把你的陶器碰碎的那个醉鬼。我之所以这样做，都是因为我非常爱你，想让你改掉骄傲自大的坏毛病！"

　　玫瑰公主听完，被画眉嘴国王的一片苦心和爱感动了，悔恨的泪水忍不住夺眶而出。她

小声地对他说："是我错了，我再也不骄傲，再也不嘲笑别人了，我也不配做您的妻子！"

画眉嘴国王见公主真心悔过了，就安慰她说："让一切都重新开始吧，我们现在就举行婚礼。"

宫女们走过来，帮助公主梳洗打扮。不一会儿，一个如仙女般美丽的新娘出现在了人们面前。在场的人都举起酒杯祝贺着他们，当然也包括玫瑰公主的父亲。

从此，不再骄傲自大的公主过上了幸福美满的生活。

十二个跳舞的公主

Princess

Princess

一个王国里有十二位公主，她们每天晚上都偷偷跑出去跳舞，结果把鞋子都磨破了，她们究竟去哪里跳舞了？对此，国王一直疑惑不解。为了解开谜团，国王悬赏寻找聪明的人。他能找到十二位公主偷偷跳舞的地点吗？谁又能揭开这个谜底呢？

128

磨破的鞋子

在美丽的大森林边缘，有一个金碧辉煌的王宫。这座王宫虽然雄伟、高大，却并不像其他王宫那样肃穆、威严，而是每天都笼罩在一片欢声笑语之中，这一切都因为国王有十二个可爱的女儿。

国王的十二个女儿个个都十分漂亮，就像盛开的十二朵鲜花。她们活泼开朗，所以王宫到处洋溢着欢乐的气氛。她们共同住在一间大房子里，共同学习，共同吃饭、睡觉，并且她们还有一个共同的爱好——跳舞。但国王规定，只有在中午的时候才可以跳舞，其他时间绝对不可以！

后来，国王发现一个奇怪的现象：每天早上，公主们都无精打采，好像一夜没有睡觉似的。而她们的鞋子也会比回屋睡觉前磨损很多，有的甚至都磨破了，好像整整跳了一夜的舞。

"这是怎么回事呢？"国王心中疑惑不解。他为了弄清楚其中的原因，等公主们睡下后，自己就悄悄地来到她们的屋外。门是从里面锁上的，而屋子里面静悄悄的，没有一点儿声响。国王整整等了一夜也没听到任何动静。但天亮后，他发现公主们的鞋子还是被磨破了。

"她们一定是去跳舞了！"国王肯定地说，"但房子是封闭的，她们能够去哪里呢？"

为了解开心中的疑惑，国王就向全国发出通告：如果有人能弄清楚十二位公主晚上到哪里跳舞，那么他就可以选择其中的一位作为妻子，而且还可以继承王位。但是，如果这人在三天以后没查清结果，他就会被处死。

巨大的诱惑吸引着许多人前来冒险。在通告发出的第二天，邻国的一位王子就决定试试，因为他是人们公认的最聪明、最机灵的人。国王热情地款待了他，并把他安排在公主卧室的隔壁。为了能听到、看到可能发生的一切，这位王子将房门打开，一刻也不停地注视着。但是他整整等了一夜，和国王一样没有听到任何动静，也没有看见公主们外出，但她们的鞋子却都有了磨破的痕迹。王子并不甘心自己的失败，又连续观察了两个晚上，结果还是和第一天一样毫无收获。

王子失败了，失望的国王立即下令将他处死。不过，在王子之后，还有几个聪明人试着解开这个谜团，但都和那位王子一样，因为没有找出结果而丢了性命。渐渐地，人们就不再去冒险尝试了。

一天，一位退伍的老兵正好经过都城，他看见了通告，便自言自语地说："或许我应该去探听那些公主是在哪儿跳舞才对，这样的话，将来还可以当国王呢！"

旁边的一位老太太听见了，赞赏地对他说："太好了。你真是一个勇敢的人！上天会赐福给你的。我这有一件风衣，披上它任何人都不会看到你的行踪了！"

老兵听了，勇气更加足了，于是就接过风衣，向老太太道谢后大步向王宫走去。

机智的老兵

　　此时，国王正坐在王宫里，为无人来接受这项冒险的任务而发愁呢！所以当老兵来到王宫，说自己愿意去解开十二位公主跳舞之谜时，国王高兴得几乎要跳起来。他马上热情款待了老兵，还打算将其安排在公主们卧室的隔壁。

　　"谢谢国王的美意，"老兵说，"不过我还是希望不要让公主们知道我的到来，这样我更有把握探听到公主们晚上到底去哪儿跳舞了。"国王同意了。

　　到了晚上，老兵就披上风衣，躲在了公主们卧室的旁边。当公主们一个个走进房间的时候，他也悄悄地跟了进去，躲在一个角落里，公主们当然不会发现他。

　　"那些聪明的家伙们本来可以做一些更聪明的事情，可偏偏要来探听我们跳舞的秘密，这简直就是送死！"大公主说道。

　　"不过这下我们也放心了，再也没有人敢来冒这个险了。"二公主说。

　　"不过我有种预感，不幸的事情将降临到我们头上。对了，我还看见今天来了一个老兵呢。"小公主有些担心地说。

　　"不要胡思乱想了，连最聪明的王子都徒劳送了命，老兵又能怎样呢？大家还是赶快准

备跳舞吧。"大公主满不在乎地说。

于是，十二个公主都忙碌起来，打开各自的柜子，拿出了漂亮的衣服，对着镜子打扮起来。然后大公主走到自己的床前，她"啪、啪、啪"轻轻地拍了三下手，奇迹出现了：公主的床慢慢地沉了下去，一扇地板门突然打开了。

老兵在一旁惊奇地看着，只见十二位公主在大公主的带领下，一个接一个地钻进了地板门。等最小的公主刚刚走进地板门时，老兵飞快地跟了进去，紧接着地板门"啪"的一声自动关上了。

老兵跟在公主们的后面，顺着楼梯一步步地向下走去。他一不小心踩到了小公主的礼服。小公主顿时惊叫起来："谁？谁踩了我的衣服？"

公主们都吓了一跳，回头看看没有发现什么。大公主说道："你别疑神疑鬼了，肯定是被墙上的钉子挂着了。"

公主们走下楼梯后，一片令人赏心悦目的小树林出现在眼前：树叶全是银子做的，一片一片闪着美丽的光芒。"我要找个证物来证明我来过这个地方。"老兵心想。于是他就折了一段树枝。不料树枝发出"咔嚓"一声脆响。警觉的小公主叫道："什么声音？这声音以前可没有听到过，今天怎么这么反常！"

"这一定是我们的王子们发出的声音，只有他们才会对我们的到来欢呼雀跃！"大公主兴奋地说。

公主们的秘密舞会

接着，老兵又跟随公主们穿过两片树林，其中一片树林的叶子都是用金子做的，另一片树林的叶子都是用钻石做的。老兵每到一片树林时，都要折下一根树枝留作证物，而每次也都发出了"咔嚓"的脆响。这时小公主总会问这是什么声音，而大公主又总是说这是王子们在为她们的到来而欢呼。

公主们不停地往前走啊走啊，最后来到了一个碧波荡漾的大湖边。老兵也跟着来到了这里，他从来没有看见过这么清、这么蓝的湖水。在宽阔的湖面上，停着十二条用黄金做成的镶嵌着宝石的小船，每条船上，都站着一位年轻英俊的王子，他们似乎一直在这儿等公主们的到来。公主们高兴地来到岸边，各自上了一条船，老兵紧跟着小公主上了船。

十二条小船在清澈的湖面上行进着。与小公主和老兵在一条船上的那个王子说："今天好奇怪啊！船好像比平时重了许多，我虽然用尽全力地划着，可是远没有平时那么快。要知道，平时我们都是在最前面的。"

"我也感觉今天好奇怪啊！"小公主说，"不过我也不知道到底是怎么回事，可能是天气的原因吧。"不一会儿，船划到了对岸。老兵看到岸上矗立着一座美丽、壮观的宫殿。宫殿里，又高又大的蜡烛把整个宫殿照得如同白昼一般；悠扬的音乐声在宫殿里回荡着，传出很远很远；宫殿的地面上铺着红色的地毯，地毯上绘制着各种各样美丽的图案；宫殿的角落里还摆着用珍贵木头做成的桌子，上面放着十二个装满美酒的水晶杯，那是为十二个公主准备的。

公主们走进宫殿后，便兴致勃勃地和十二个王子跳起舞来。公主们的舞姿美极了，时而

像白天鹅在水中游荡，时而像孔雀在空中飞翔……老兵在一旁静静地看着，也渐渐地陶醉在其中了。不过，公主们和王子们是看不到他的。

小公主跳累了，走到柱子旁想喝一杯美酒解渴。可是她明明端起来的是满满的一杯酒，送到嘴边时却发现杯子已经空了。"我的酒哪去了？"小公主害怕极了，大声说道。

公主们和王子们都围拢上来，都不能解释这是什么原因。

"可能是看错了吧，也许我们太累了。"大公主说道。

此时已经是凌晨四点多了，公主们的鞋子也都磨损了很多，而大公主的鞋子已经磨破了。大公主就说："时间不早了，我们也累了，该回去了。"

于是，十二个公主登上船，王子们则划动船桨把她们送到了湖的对岸。而这次老兵乘坐的是大公主的船。虽然大公主也感到有些异常，但她并没有说出来。

到了岸边，公主们和王子们互相道别，约好第二天晚上再相见，之后，才恋恋不舍地离开了。老兵又跟随她们穿过三片树林，走过狭窄的楼梯，回到了公主们的卧室。大公主看看周围没有异常后，说："太累了，大家赶紧休息吧！"于是公主们便脱掉鞋子，扔到床下，躺下睡觉了。

第二天，老兵并没有向国王把晚上的所见所闻说出来，因为他还想多看几次这样的奇遇，也想多欣赏一下公主们的舞姿，因为她们跳得实在太美了！

接下来的两个晚上，所发生的一切都和第一个晚上发生的一样，公主们每次跳舞都要跳到凌晨四点才回来。不过，在第三个晚上，老兵又拿走了一只金杯作为他到过那里的证物。

到了第四天，也就是国王规定揭开谜底的时间了。国王坐在宝座上，问老兵："你是否解开了我的疑惑？我的十二个女儿晚上是在哪儿跳舞？"

老兵不慌不忙地答道："尊敬的国王，您的疑惑我已经解开。公主们是在地下的一座宫殿里与十二个王子跳舞。"然后他就把这三天的所见所闻对国王讲述了一遍。

　　国王非常惊讶，问："怎么能证明你说的都是实话呢？"

　　于是老兵把三根树枝和金杯放在国王面前。国王马上把公主们叫来，问她们老兵说的这些都是不是真的。十二个公主十分惊讶，这才明白了这几天晚上出现那些奇怪现象的原因。在事实和证据面前，公主们只好低着头，全部承认了。

　　谜底揭开了，该是国王兑现承诺的时间了。国王也非常喜欢这个勇敢、机智的老兵，就问他想选择哪一位公主做他的妻子。

　　老兵回答说："就把大公主许配给我吧！"

　　国王同意了，于是第二天就为他们举行了婚礼。从这以后，国王再也不反对公主们唱歌、跳舞了。

兰妮公主

Princess

Princess

　　美丽的天鹅湖一到晚上就会闪烁着奇异的光芒，一天，齐格菲尔德王子看到湖中五只美丽的天鹅竟然变成了五位漂亮的姑娘，他惊讶极了！后来才知道，她们被巫师罗特巴施了魔法。于是，王子毅然决定，打败巫师，解救公主！巫师知道了这件事，他会善罢甘休吗？带着疑惑，让我们走进故事吧！

变成天鹅的公主

在一个遥远的地方，有一座雄伟秀丽的大山，山坡上有一座古老、高大、宏伟的城堡，那是齐格菲尔德王子的宫殿。大山的前面是一片宽阔的大湖，名叫天鹅湖。静静的湖水上面总会有几只美丽的天鹅在游荡着。

这天，慈祥的王后对英俊的齐格菲尔德王子说："亲爱的儿子，明天就是你成年的日子了，我要在宫中为你举行一个隆重的选妃典礼，同时还邀请了六个国家的公主前来参加，你可以从她们当中选择一位作为你的妻子。当然，如果你已经有了意中人，也可以带她来参加。"

天真善良的王子对没有爱情的婚姻并不喜欢，但又不能拒绝王后的命令。他有些闷闷不乐，只好带着一些侍从下山，去湖边打猎散心。蓝蓝的天空，静静的湖水，还有将要落山的太阳，总算让王子的心情舒畅了一些。

王子骑着马带着侍从在湖边走着，忽然，他发现湖面上比平时多出五只美丽的白天鹅。它们洁白的羽毛浮在碧绿的水面上，十分引人注目。尤其是领头的那只天鹅，更是显得优雅、美丽，人们甚至还能感觉到它头上戴着一只漂亮的王冠呢！

"这真是一个上好的猎物！"王子身后的一名侍从一边说一边抽出弓箭，对准那只领头的天鹅就要射过去。

"等一下，快看！"王子大声阻止道，同时把手指向那群天鹅。那名侍从立刻收回弓箭，和大家一起向王子指的方向望去。不可思议的情景展现在大家眼前：白天鹅一只接一只地变成了五位美丽的少女。这时候，天已经黑了下来，圆圆的月亮慢慢地升上天空。在淡淡的月光下，五位少女围成一圈，跳起了优美的舞蹈。

王子在旁边静静地看着她们优美的舞姿，心里感到十分奇怪。于是他走近少女，礼貌而又温柔地说："我叫齐格菲尔德。刚才我看见你们是一群美丽的天鹅，转眼之间就变成了美丽的女子，请问这是怎么回事呢？"

五位少女停止了跳舞，排成一排站在王子面前。领头的那位少女，也是五个人中最漂亮的一位，用温柔的语调缓缓地说："我是邻国的兰妮公主，她们是我的侍女。因为巫师罗特巴曾向我求婚，被我拒绝。于是他怀恨在心，施法术把我们变成了天鹅。只有到晚上，我们才能变回人身。现在黄昏刚过，所以你才能看到我们原来的样子。"

听了兰妮公主的话，王子十分生气，一下子拔出宝剑，想去找罗特巴，让他解除对公主的魔咒。正在这时，一只猫头鹰尖叫着向王子扑了过来。它一边向王子发动攻击，一边怪叫着说："你这多管闲事的王子，看我怎么把你撕成碎片！"原来这只猫头鹰就是罗特巴变的。

王子并没有害怕，也没有慌张，他沉着地挥舞着宝剑，迎战猫头鹰。几个回合过后，王子一剑刺中了猫头鹰的翅膀。猫头鹰疼痛难忍，发出了凄惨的叫声。

"齐格菲尔德，你把我刺伤了，我绝不会放过你，你会为此付出代价的！"猫头鹰说完，拖着受伤的翅膀狼狈地逃走了。

兰妮公主见罗特巴被赶跑了，急忙过来向王子道谢。王子一边还礼一边问："美丽的公主，现在请你告诉我，要怎么样才能解除你身上的魔咒呢？"

兰妮公主的脸一下子红了，慢慢地把头低下来，有些犹豫地说道："王子……还是算了吧……"

王子挺起胸膛，双手握着宝剑，眼睛里透着坚毅的目光，他对公主说："我愿意不惜一切代价来帮你解除魔咒！哪怕是牺牲自己的生命！"

兰妮公主的脸更红了，她着涩地小声说："不！这并不需要牺牲生命，只要……只要你愿意娶我为妻，我和我的侍女们的魔咒就能解除了。"

王子轻轻地把公主的手拉起来，放在自己的胸前，然后温柔地注视着公主的眼睛，语气坚定地说："明天晚上，母亲为我举行选妃典礼，你一定要赶来参加，我会当着所有人的面向你求婚的。"

兰妮公主点了点头，幸福地笑了。而此时，天空逐渐放亮了。公主和侍女们又变成了雪白的天鹅，它们展开翅膀，飞向了湖的另一边。

王子目送着那只最美丽的天鹅逐渐远去，直到它完全消失在视野中，才骑上马返回了王宫。

邪恶的阴谋

第二天傍晚，选妃典礼已经全部准备好了。前来参加选妃的六名公主也都到齐了，此刻，她们正随着优美的乐曲，欢快地跳着舞呢。虽然她们长得都十分漂亮，舞姿也十分优美，但王子却无心欣赏，因为他总想着快点让兰妮公主从邪恶的魔咒中解脱出来。

选妃典礼开始了，公主们跳得更欢快了，她们每个人都希望能和英俊的齐格菲尔德王子结婚，成为这个古老而美丽的王国的王妃。但时间一点点过去，王子却始终没有说出要选哪位公主。

慈祥的王后转过头来，微笑着对王子说："亲爱的孩子，你喜欢哪一位公主？大胆地说出来，今晚我就为你们举行婚礼。"

王子正焦急地等待着兰妮公主的出现，不想立即给母亲答复，于是就说："母亲，您别急，请再等一会儿，我会做出决定的。"说完，他的目光又投向了王宫的门口。

可是，舞会就要结束了，兰妮公主也没有出现在王宫里，而王子必须要做出决定了。王子再也坐不住了，恨不得立即飞到湖边把兰妮公主带回来。

忽然，一位高贵美丽的公主从宫门外跑了进来，王子的心马上由焦急变成喜悦，因为来的人正是兰妮公主。

王子立即跑到兰妮公主面前，把她的手轻轻拉起，温柔地说："兰妮公主，我等了你好久，你终于来了。"说完，王子就把她带到王后面前，向大家宣布道："我决定选兰妮公主作为我的妻子！"

王后看着美丽的兰妮公主，心中也非常喜欢，马上就答应了他们的婚事。大家也纷纷祝贺王子娶到一位称心如意的新娘。

正当大家沉浸在一片欢乐之中的时候，门外忽然传来一阵急促的脚步声，接着是一个女孩子急切的声音："王子！你身边的那个公主是假的，她是巫师罗特巴的女儿，我才是真正的兰妮公主呀！"

大家大吃一惊，望着两个几乎一模一样的女孩儿都不知如何是好。王子也惊奇万分，他看看这个，又看看那个，忽然一把拉住后来的那个兰妮公主，说："对！她是假的，你才是真正的兰妮公主，因为你那美丽而忧伤的眼神我永远忘不了！"

假兰妮公主看事情已经败露，马上变回了自己的本来面目：尖尖的脑袋，长长的耳朵，两颗长长的牙齿露出唇外，眼睛放出邪恶的光芒。她得意地冷笑着，对王子说："你很聪明，不过，你知道得太晚了，你已经向我求过婚了，我父亲的咒语将永远不会解除了，兰妮公主只能永远保持天鹅的模样，哈哈！"

　　原来，这一切都是巫师罗特巴的阴谋。他变成猫头鹰袭击王子，被王子刺伤后并没有逃出树林，而是躲在了暗处，王子和兰妮公主的对话他都听见了，于是就让自己丑陋的女儿变成美丽的兰妮公主，抢先一步接受了王子的求婚。

140

真爱感动上天

巫师罗特巴的阴谋终于得逞，兰妮公主不能恢复人形了。

伤心至极的兰妮公主对王子说："对不起，请你把我忘了吧！我要走了，天鹅湖才是我的家。"说完，她就流着眼泪，转身离开了王宫，朝着美丽的天鹅湖跑去。

王子心里非常后悔，后悔自己太粗心而向假兰妮公主求了婚。他生气地推倒身边那个丑陋邪恶的女人追了出去，一边追一边喊："兰妮公主，不要走，等等我，不管你是天鹅还是公主，我都会真心爱你的！"但兰妮公主却头也不回地向前跑着、哭着。

此时，在美丽的天鹅湖边，兰妮公主的四名侍女正焦急地等待着公主和王子的归来，等着他们告诉自己魔咒已经解除的好消息。

终于，她们把兰妮公主盼了回来，但她们并没有高兴起来，因为她们看见公主的眼睛里流着伤心的泪水。不过她们还是围了上去，问她："我们是不是永远不会变成天鹅了？"

兰妮公主被她们一问，哭得更加伤心了，她把在王宫中发生的事情诉说了一遍。侍女们听完也都伤心地流下了眼泪。

"这都是我的错。如果我早一点赶到王宫的话，王子就不会受骗了，而且我们也能恢复人形了！上天啊！请你救救这些可怜的女孩儿吧！我情愿用我的生命去交换。"说完，伤心欲绝的兰妮公主拔出短剑，准备刺向自己的胸口。

此时，王子及时赶到了，他一把将公主手里的短剑打落，用坚定的语气对兰妮公主和侍女们说："我现在就去找巫师罗特巴！请相信我，我一定要打败他！"

"即使你打败了罗特巴，那又能怎样？你已经向别人求过婚了，我身上的魔咒还是无法解除的。"兰妮公主拦住王子，伤心地说。

这时候，月亮渐渐消失了。兰妮公主有些绝望了。她闭上双眼，默默地对上天说："上天啊，请让王子忘记我吧！请让可怜的女孩儿恢复人形

吧！我情愿献出我的生命。"然后，她快步走到湖边，一下子就跳了下去。

等王子再想阻拦时已经晚了，兰妮公主消失在了美丽的天鹅湖里。王子内心充满了悲伤，他也突然纵身一跃，沉入了湖中……

第二天早晨，太阳把湖水染成一片金黄。奇怪的是，兰妮公主的四名侍女并没有变成天鹅，原来罗特巴的魔咒早已解除了！

她们静静地站在湖边，感谢公主和王子用生命换来了她们的自由。不过，侍女们马上又被眼前的情景惊呆了，王子和兰妮公主一起从水里浮出，然后向她们慢慢地走来。侍女们简直太激动了，她们高兴地欢呼起来！

原来，王子对兰妮公主真心的爱感动了上天。上天不仅解除了魔咒，还把他们从水中救了出来。

不久，王子正式向兰妮公主求婚，并在王宫举行了盛大的结婚典礼。四名侍女围在他们身边欢快地跳着舞，祝福这对新人永远快乐、幸福！

梦幻童话卷 | 兰妮公主

美人鱼

Princess

Princess

　　大海深处有一个人鱼王国。单纯、善良的小美人鱼就是那里最小的公主。自从遇见王子之后，她的命运发生了重大转折。她终于拥有了一双可以走路的腿，但她却要面对一个可怕的结局。小美人鱼最后变成了什么？她能拥有不灭的灵魂吗？故事会帮我们揭开谜底……

小公主的美好期待

在深不见底的大海深处，有一个神秘的国度。美丽的人鱼公主在海底花园翩翩起舞，尽情地游来游去，这里就是传说中的人鱼王国。

人鱼王国里有六位公主，她们的皮肤又嫩又滑，像刚刚绽放的玫瑰花瓣；她们的眼睛又深又蓝，像深不见底的湖水；她们的头发又柔又亮，像流淌的瀑布。其中，有一位公主比其他任何一位都要美丽，不仅如此，她还拥有最甜美的嗓音，她就是最小的公主——小美人鱼。

小美人鱼不太爱说话，却喜欢听老祖母讲关于人类的故事。听着，听着，小美人鱼就走神了："人类？人类是什么样子的呀？好想去看看呀！"

"孩子，别着急！"老祖母扶扶老花镜，笑盈盈地说，"等你十五岁的时候，你就可以浮到海面上去，到那个时候，你可以坐在岸边，看着月光，静静地听人类的话语，还可以看到人类的大船，一艘一艘地从你身边驶过，呜呜——呜呜——"

小美人鱼一下子被逗乐了，咯咯地笑着。

这一年，最大的公主十五岁了，她终于可以到海面上去了。她在水面上整整待了一天才回来。

"月光就那样洒在沙滩上，闭上眼睛你能听到各种声音。"大公主说着，陶醉地闭上了眼睛，"美妙的音乐、轰隆隆的马蹄声、嗡嗡嗡嗡的说话声！还有教堂尖塔顶传来的叮当——叮当的声音。"大公主用手比画着，"那个城市那么大，那么大……"

小美人鱼听得入神了，她盯着深蓝色的窗子发呆。忽地，有那么几丝微弱的光透了进来。

"啊！是月光！"小美人鱼欣喜地跳了起来，"我真的看到了月光！"可是，那些微弱的光慢慢地变淡，很快就消失了。

小美人鱼失望地叹了口气："我多么想马上变到十五岁啊！"她好想马上就看到外面的世界。可是，她还要等整整五年，五年的时间对她来说太漫长了！

一年又一年过去了，二公主、三公主、四公主、五公主相继来到了海面，她们都带回来很多精彩的故事。

"哦！天哪！"小美人鱼由衷地赞美着，"比我们的人鱼王国还要神秘啊！"小美人鱼兴奋地睡不着觉，她一遍又一遍地想象海面上的那个大城市，好像真的听到教堂的声音向她飘来。隐约地，一个王子向她走来，他长着一双会说话的眼睛，那么黑，那么有神！

期待的日子终于到了，小美人鱼迎来了她的十五岁生日！

"奶奶！奶奶！"小美人鱼一下子扑到老祖母怀里，"我今天可以到海面上，是吗？"

"哦！是的，我亲爱的孩子！"老祖母笑着回答，"等等——"

老祖母拿出一个非常精致的花环，上面特意镶嵌了一圈亮闪闪的珍珠。老祖母庄重地把

它戴在了小美人鱼的头上。

"好了！我的小宝贝儿！快看看！你是多么的美呀！"

小美人鱼哪还有心思欣赏，她只想快点儿游到海面上。她快速地摆动鱼尾，轻盈的身体像一个气泡一样浮起来了，她的心也跟着"怦怦"跳个不停。透过蓝色的水面，她仿佛听到那个世界的声音离自己越来越近了。

145

冒险救王子

　　小美人鱼的眼前越来越亮了，她奋力地游过去，终于钻出了大海，来到了魂牵梦萦的海面上。

　　"啊——"小美人鱼第一次看到这么美的景色，完全陶醉了。此时，太阳快要落山了，微微泛红的天空上闪着微弱的星光。海上没有一丝风，是那样的平静。

　　突然，一阵欢快的歌声飘了过来。不远处，有一艘巨大的轮船，水手在甲板上跳着舞——他们正在庆祝王子的生日。当王子走出来的时候，所有的烟花都"嗖嗖"地飞向天空，划出了无数道美丽的弧线。在光亮中，小美人鱼看到了那位王子，他的眼睛那么大，那么有神，好像会说话。

　　小美人鱼一下子喜欢上了这位年轻英俊的王子。她在远处静静地看着他，看得那么入神。

　　夜已经很深了，船上的水手停止了欢唱，英俊的王子也进入了梦乡。可是，小美人鱼却

不肯离开这里，她还想再多看王子一眼。

风渐渐地大了起来，不时传来轰轰的响声，还伴有浓密的乌云和可怕的闪电。啊！暴风雨！可怕的暴风雨来了！船上的水手赶紧收起船帆。可是，太迟了！那艘巨大的轮船很快沉没在大海里，没有了踪影。

"哦，王子！王子！"小美人鱼眼睁睁地看着王子沉入海底，她惊慌地大喊，"你在哪里呀？你在哪里呀？"她刚钻进海里，又被风浪高高地抛起，她顾不了那么多了，继续跃入大海，在暴风雨中勇敢地寻找王子。

终于，在大海深处，小美人鱼发现了心爱的王子。王子美丽的眼睛紧闭着，他已经奄奄一息了。小美人鱼使出全身的力气，把王子托出了水面，轻轻地放在岸边的沙滩上。

天亮时，太阳渐渐升了起来，海滩到处都显得红彤彤的。金灿灿的太阳光照着王子，他苍白的脸慢慢红润了起来。

"王子——王子——"小美人鱼在心里一遍又一遍地喊着王子，希望他能马上苏醒过来。她俯下身，想为王子整理一下凌乱的头发。可是，她刚把手放在王子的额头上，就叫了起来："啊？怎么会这么烫！"的确，王子的额头滚烫滚烫的。王子在昨夜的暴风雨中受了风寒，他生病了。

"怎么办呀?"小美人鱼从来没有这么紧张过。不管怎样,她都要救活王子。她游到海边,用扇形的贝壳装满水,然后用鱼尾轻轻一甩,那海水就像喷雾一样在王子的脸上散开。小时候老祖母就是用这样的方法给自己退烧的,现在,小美人鱼也把这个方法用在了王子身上。

　　奇迹出现了!王子果然慢慢地退烧了。"太好了!太好了!"小美人鱼静静地坐着,等着王子醒来。她感到从没有过的幸福,她不仅在这里遇到了王子,而且还出乎意料地救了他,这难道是上天的安排吗?

　　小美人鱼开始美滋滋地想:"哦,当他睁开眼睛时,我该跟他说点儿什么呢?"她抱着小手放在胸前,她要按住那颗心,此时它正狂跳不止,仿佛马上就会从胸膛里跳出来!她是多么激动啊!

　　太阳越爬越高,已经是中午了。它一张嘴,把所有的热全部洒向了海面。海水越来越热。此时,王子还是没有醒来,而且他又开始发烧了,甚至比刚才还要严重!

　　就在这时,不远处传来教堂的钟声,顺着"叮当——叮当——"的声音,小美人鱼往那边张望。教堂的屋顶上有一层红瓦片,比海底的宫殿还要好看,教堂被一片翠绿的树林结结实实地包围着,树林郁郁葱葱的,非常浓密。

　　"我有办法了!"小美人鱼眼睛一亮,她背起王子来到了那片茂密的树林中。浓密的树荫遮挡住了阳光。微风轻轻吹过,送来一缕一缕的清凉。王子慢慢地退烧了。小美人鱼非常高兴。

　　就在这时,从远处走来一位姑娘。小美人鱼赶紧躲了起来。那位姑娘惊奇地看着王子,王子突然醒了过来,他笑着对那位姑娘说:"善良的姑娘,谢谢你救了我!"

　　小美人鱼多想立刻冲上去,大声地告诉王子:"不是她,是我救了你啊!"可是,她不能这么做,她是一条人鱼,王子会相信一条人鱼的话吗?

　　那位姑娘赶紧叫人帮忙,一会儿工夫,王子就被叫来的人抬走了。

　　小美人鱼躲在树后面,看着渐渐远去的人们,悄悄地哭了,她伤心极了!她默默地转身,游回了海底宫殿。

巫婆的神奇药水

一年一度的舞会就要在海底宫殿举行了。宽敞的舞厅里闪烁着五颜六色的光，把整个舞厅映照得绚烂无比。成千上万的鱼儿从四面八方游来，兴冲冲地穿越大厅，欢声笑语顿时充满了舞厅的每一个角落。

这会儿，小美人鱼的五个姐姐正在装扮自己，而小美人鱼默默地在角落里发呆，想着自己的心事。

等五个姐姐一走，小美人鱼也离开了。她去的地方没有金碧辉煌的宫殿，没有欢声笑语，那里到底有什么呢？她也不知道。她只知道，在海洋的那一角，有个法力无边的神秘巫婆。小美人鱼希望能得到她的帮助。

小美人鱼游到海底中央，那里有一个巨大的旋涡，上面漂着一层黑乎乎的泡沫。小美人鱼翻身一跃，顿时消失在旋涡中。当她睁开眼睛的时候，一片阴森森的珊瑚林出现了。黝黑的海水冒着寒气，让人浑身发冷。珊瑚虫嘻嘻地笑着，伸出黏糊糊的手臂，小美人鱼拼命地挣脱，硬着头皮继续向前游着。

这里就是巫婆的城堡。一条长着白肚皮的海蛇张开血盆大嘴，一口就把小美人鱼吞了下去。此时，传来一个老太婆沙哑的声音："把她放出来吧！"

"你这个小东西！"巫婆长着尖尖的下巴和瘪瘪的嘴巴，她恶狠狠地看着小美人鱼，"你怎么闯到我这里来了？"

"哦，尊敬的魔法师。"小美人鱼看到巫婆，不由得往后退了一步，胆怯地说，"请您给我两条腿吧，我想变成人，跟心爱的王子在一起。"

"小傻瓜，你就那么想变成人吗？"巫婆轻蔑地笑了，"你知道那会有多么痛苦吗？"

"痛苦？"小美人鱼愣了一下，听到巫婆一声冷笑。

巫婆比画着："你那漂亮的鱼尾会从中间裂开，好像把你的身体撕裂一样痛苦。"

"不！"小美人鱼的身体颤抖了一下，脸候地一下变得苍白。

巫婆看了她一眼，冷笑了几声，又说："即便有了双腿，你每走一步，脚底就像踩着一把尖刀，深深地刺痛你，你能忍受吗？"

"啊？"顿时，小美人鱼浑身发麻，她有些站不住了。

"小东西！我劝你还是回去吧！"巫婆的声音压得更低了，"一旦变成人类，就无法变回人鱼。到那个时候，你再也回不了家。还有，如果王子娶了别人，在他结婚的那天，你就会变成水上的泡沫，你真的不害怕吗？"

小美人鱼沉默了一会儿，终于做出了决定，她坚定地对巫婆说："我不怕！"

"那好吧！我会帮你的！"巫婆冷笑着，眯起了眼睛，"可是，你打算怎么酬谢我呢？"

"酬谢？"小美人鱼全身上下，没有一件值钱的东西呀！

"别着急，美丽的姑娘！"巫婆指了指小美人鱼，"其实，你身上有一件特别宝贵的东西，你想不想拿它交换？"

"您说吧，只要能跟王子在一起，您要什么我都愿意！"单纯的小美人鱼想都没想就答应了。

"把你最甜美的声音拿来吧！"巫婆狰狞地大笑着，要割下小美人鱼的舌头。

小美人鱼浑身冰冷，她颤抖着，走到巫婆面前，忍着剧痛，让巫婆割下了自己的舌头。然后，巫婆背过身去，抓破胸膛，把黑色的血装进罐子里，又加进去一些五颜六色的药水，各种各样的声音从罐子里飘出来，最后罐子里的液体变成了透明的。

"拿去吧！"巫婆说，"明天早上，你游到海面上，一定要在太阳出来之前喝下它，然后，你就会美梦成真了！"

小美人鱼接过药水，离开了这里。她多想告诉老祖母发生的一切。可是她犹豫了很久，最终没有回去。因为，从现在开始，她变成了一个哑巴。

清晨的海面是那样宁静，圆圆的太阳就要跳出地平线。小美人鱼终于等来了这一刻，她捧起罐子，一口气就把所有的药水都喝了进去。

顿时，小美人鱼觉得浑身像被烈火灼烧了一样，到处都隐隐作痛。奇怪的声音从身体里发了出来，"刺刺"地响个不停。突然，她的尾巴慢慢地分成了两个部分，越裂越大，剧烈的疼痛也开始了，小美人鱼感觉自己的身体正在被一点儿一点儿地撕开，就好像有无数把锋利的尖刀刺进了身体。

"天啊！太难受了！"这种撕心裂肺的疼痛还是超出了她的想象，她蜷缩在地上，一分一秒都变得非常难熬，突然她昏死了过去……

美丽的泡沫

　　当小美人鱼睁开眼睛的时候，王子竟然出现在她面前，忽闪着大眼睛看着她。小美人鱼恨不得把一切都告诉他，可是她什么都说不出来。

　　王子把小美人鱼扶了起来，她发现，自己的那条鱼尾真的不见了。现在，小美人鱼的确拥有了跟人一样的双腿，她心里满是欢喜。可是，她刚刚抬起脚尖，剧烈的疼痛就再次袭来。她只能默默地忍受着，好像什么都没有发生一样。

　　王子带着小美人鱼回到了城堡。从此，小美人鱼整天都能看到心爱的王子，她实在是太高兴了！王子也非常疼爱温柔的小美人鱼，无微不至地照顾她。

　　一天，王宫里举行舞会。当小美人鱼穿上华丽的舞裙时，所有的人都被她深深吸引了，就连王子也走到她的身边说："亲爱的姑娘，请你和我跳一支舞吧！"

　　小美人鱼高兴地接受了王子的邀请，她的舞裙轻盈地飘着，像一朵含苞待放的玫瑰花，所有人都惊呆了。

　　"多么美丽的姑娘！"

　　"多么曼妙的舞姿呀！"

　　小美人鱼微笑着，尽管每跳一下都疼痛难忍，可是她却感到自己无比幸福，心爱的王子就在身边，她希望这样的日子不要过去，她可以每天每时每刻都陪伴在王子的身边。

　　然而，不久后的一天，王子穿着华贵的衣裳，准备了几辆马车，带着小美人鱼，一起去见一个姑娘。

　　"你知道吗？就是那个姑娘救了我。"王子对小美人鱼说，"如果不是她，我早就淹死在大海里了！"

　　看着王子动情的样子，小美人鱼非常难过，可是，她不能说话，王子又怎么会知道所发生的一切？

　　王子终于在教堂旁边找到了那个姑娘，他走过去，挽起姑娘的手，亲吻着，对她说："善良的姑娘，嫁给我吧！"那个姑娘笑着答应了，跟王子一起来到了王宫。小美人鱼心乱如麻，她分明感到心在滴血，每走一步都痛彻心扉。

　　那是一个没有风的夜晚，小美人鱼静静地坐在沙滩边，脚底还是那样的痛，可是，她已经感觉不到了，因为还有比这更痛的——明天，王子就要结婚了，她将要化为泡沫，永远不能做人，更不能变回人鱼。她多么希望自己能穿着美丽的嫁衣，跟王子手挽手走进教堂。可是，新娘却不是她！

　　"不！不！"小美人鱼不愿接受这个事实。为了王子，她失去了最美妙的声音，失去了最疼爱她的亲人，每天行走在尖刀上，可是王子却一点儿也不知道。而今晚，却是她看到王子的最后一个晚上。

"怎么会这样？"她无可奈何地抽泣着，"我该怎么办呢？"

这时，萤火虫成群结队地飞来，像无数个温暖的小火把，照亮了黑黝黝的海面。五个姐姐突然出现在泛着光亮的海面上，她们美丽的长发不见了，嗓音也变得嘶哑："亲爱的妹妹！我们用头发跟巫婆换了这把短剑，你用它杀死王子，把王子的血涂在脚上，这样你就会变成人鱼回到我们身边了！"姐姐们把短剑交给妹妹，叮嘱她："赶紧动手吧！要是太阳出来，就来不及了！"姐姐们满怀期待地望着她，一阵海浪扑来，她们转头看了妹妹一眼，然后恋恋不舍地游向海底。

小美人鱼回到了宫殿，她缓缓地走进王子的寝宫。此刻，王子睡着了，长长的眼睫毛微微地卷翘着，还不时发出轻轻的鼾声。小美人鱼拿出短剑，双手不停地颤抖，此刻，她的心狂跳不已。王子英俊的脸上突然绽开了甜美的笑容，竟然是那么的安详。

小美人鱼收起了短剑，静静地坐在那里，直到一阵微风吹开紫色的窗帘，小美人鱼这才发现，天快要亮了，她该离开了。她弯下腰，最后一次亲吻王子的额头。她的内心充满了痛苦和失落，她终究没有得到王子的心，就像巫婆说的那样，太阳升起的时候化成泡沫，永远地死去。当然，她也可以变回人鱼重新回到大海，可是，让她亲手杀死心爱的王子，她又怎么忍心呢？

太阳快要升起来了，小美人鱼慢慢地走向大海，纵身跳进海里。她的身体变得轻飘飘的，逐渐变成了海上的白色泡沫。阳光从来都没有如此轻柔，它温暖着冰冷的泡沫，小美人鱼感到自己并没有灭亡，她分明已经感受到了这股暖意。隐约地，她似乎听到美妙的音乐在耳边响起，那么虚无缥缈，却又那么和谐，是人类的耳朵听不到的。在黎明的曙光中，小美人鱼浑身散发出五彩缤纷的光芒，轻飘飘地从泡沫中慢慢升起来，越飞越高……

德西蕾公主

Princess

　　王后在仙女的帮助下，终于生下了一位美貌的公主。可是，她一出生就遭到邪恶的诅咒。十五年后，诅咒应验了，美丽的公主变成了一只牝鹿。就在她见到王子的那一刻，王子的弓箭却射向了她。公主的命运会怎样？她能否得到自己的幸福呢？

美丽公主的诞生

在一个花香四溢的王宫里，住着一位国王和他的王后，他们一起生活得非常快乐。可是很多年过去了，他们却没有一个孩子，这让王后非常难过。

有一天，王后出去散步，路过一眼清泉的时候，不禁停了下来："要是我能有个孩子该有多好啊！她要是看到这么清澈的泉水，不知道该有多么高兴呢？"

话音刚落，清泉里无数水泡翻滚，一只巨大的螯虾跳出了水面，它吐着泡沫，毕恭毕敬地说道："我最尊敬的王后，请您跟我来吧。不远处有个魔幻仙宫，在那里，您的愿望肯定能实现的！"

王后吓了一大跳，不过她实在太想有个孩子了，就答应了螯虾的请求，螯虾一转身竟然变成了一个老婆婆，她带着王后踏上了一条幽暗的小路。

突然，周围变成了花的海洋：紫罗兰汇成紫色的花海，鲜艳欲滴的玫瑰散发着阵阵幽香，百合花在风中摇曳……紧接着，一座金碧辉煌的宫殿出现了，出现了六位轻盈飘逸的仙女向王后款款飞来。

"尊敬的王后，"仙女们说，"恭喜您，您马上就会有一个漂亮的公主，我们给她起了个好听的名字：德西蕾。把这束花拿过去吧，等公主出生的时候，我们会为公主赐福的！"

王后惊呆了，半天都说不出一句话来。她激动地接过花束，仔细一看，正好是六枝花：一枝玫瑰花，一枝郁金香，一枝秋牡丹，一枝百合花，一枝石竹和一枝石榴花。

瞬间，仙女们都不见了。那个老婆婆把王后一直送回了王宫，然后又变成了螯虾钻进了清泉。

王后回去不久，果然生了一位美丽的公主。国王和王后把仙女们都请来了，她们每个人都亲吻了公主，于是，公主就获得了六种最难得的祝福和优点：高尚的品德，聪明的头脑，美丽的容貌，宝贵的财富，健康的体魄，超乎寻常的运气。有了这些，她便是全世界最幸福的公主。

"等等——你这个忘恩负义的家伙！竟然把我忘得一干二净！"话音刚落，宫殿里一阵剧烈的抖动，那位螯虾巫婆出现了，因为王后没有宴请她，所以，她恶狠狠地指着王后说："我一定要让你的心肝宝贝受到惩罚。十五岁之前，要是见到一丁点儿的阳光，她就会没命的！等着瞧吧！哈哈哈！"螯虾巫婆狰狞地笑着离开了。

王后和国王害怕极了，最喜欢公主的郁金香仙女连夜建了一座没有门窗的宫殿，宫殿里暗得看不到一点儿阳光。从那以后，德西蕾公主就一直生活在这里。

德西蕾公主一天天长大，她十四岁那年，已经出落得非常美丽。她的面容是那样娇艳，声音是那么甜美。国王和王后天天都看不够，于是，他们派了一名画师，为公主画了一幅画像，这样他们就能天天看到自己心爱的公主了。

158

王子的期待

这张画像很快传到了其他国家，一位王子看到了，从此迷上了这位公主，他好想娶德西蕾公主为妻啊，可是，他的父亲早已下令，要王子与邻国的诺瓦尔公主成婚，王子根本不喜欢那个蛮横、不讲理的公主，现在他看到德西蕾公主，心里不知道有多欢喜。

有一天，王子的父亲来看望他，王子就拿着画像跪在父亲身边，"尊敬的父王，您大概不知道我有多么喜欢德西蕾公主。您要是拥有这样温柔美丽的儿媳妇，该是一件多么幸福的事情啊！"

老国王接过画像，整个人都呆住了，画像中的公主端庄典雅，看起来是那么的迷人，他还是第一次看到如此美丽的公主。王子又把诺瓦尔公主蛮横、无理的事情告诉了父亲，老国王便立刻派使节去诺瓦尔公主那里取消了婚约。接下来，又派了身边最忠实的大臣作为使节，赶往德西蕾公主那里。

德西蕾公主的父王和母后非常热情地接待了使节。可是当使节提出要见公主的时候，他们拒绝了他。这让使节觉得很奇怪。

"尊敬的陛下，"使节不高兴地说，"您真的打算让我空着手回去吗？王子会怪罪我的！"国王和王后很为难，只好把真相告诉了使节："请耐心等待三个月吧。等到公主十五岁的时候，她的诅咒就解除了，那个时候，公主就能出去了。"这么一说，使节只好回国去，临走之前让王后把一件礼物转交给公主。

公主一打开这份礼物，里面就飘出一个美妙的声音："美丽的德西蕾，你想象不到我是多么期待能见到你。希望你快快来我的宫殿里吧，我是多么地喜欢你，我一定会让你幸福的！"原来，这是王子的画像，而且还是一个能对话的画像呢！公主一下子羞红了脸。从这天开始，公主便整日整夜地跟画像说话，渐渐地，她喜欢上了这位王子。

可是，王子却失望极了，因为使节没有把公主带回去，他抱着德西蕾公主的画像日思夜想，最后病倒了，昏迷了几天几夜。年迈的老国王只好再次派出使节，希望公主能够救救重病的儿子。使节连夜赶到德西蕾这里，向王后和国王诉说了这一切，听到王子的遭遇，国王和王后都伤心地哭了，他们决定告诉女儿，让女儿自己做出决定。

公主听了心急如焚，现在只有她才能救王子了，她安慰王后说："我最亲爱的母亲，请您为我准备一辆最结实的马车吧。用木头把马车牢牢地封住，在里面放上足够多的食物，这样我就见不到阳光了，也能安全地到达王子那里了。"

王后觉得这个主意不错，可是，她还是不太放心，于是，就精挑细选了两个最贴心的侍女，千叮咛，万嘱咐："你们可一定要把德西蕾公主照顾好啊！"

这话偏偏被螯虾巫婆听到了，她一听到"德西蕾公主"这几个字，就恨得牙根直痒痒，她驾着鸵鸟飞车来到丑陋的诺瓦尔公主这里，这样说道："哦，我亲爱的诺瓦尔公主，要我

说啊，您就是全世界最美丽、最善良的公主。要不是那个可恶的德西蕾，王子可就是你的啦！"

这会儿，诺瓦尔公主正在嚎啕大哭呢，王子解除了婚约，这是多么丢脸的事情啊！她把这些都怪罪在德西蕾公主头上。现在，听到螯虾巫婆这番话，更是气得发疯，"可恶的德西蕾！可恨的德西蕾！我决饶不了她！"

螯虾巫婆"噗哧"一声笑了，"美丽的公主，跟我来吧。一切都会改变的！"一阵风驰电掣、雷雨交加，她们俩很快就来到了德西蕾的宫殿里。趁着天黑，她们偷偷地把两个侍女关了起来，然后扮成侍女的样子，混上了德西蕾公主的马车。

第二天一大早，德西蕾公主告别了王后就上路了，走着走着，公主就睡着了。当太阳正火辣辣地照射大地的时候，狠心的诺瓦尔公主拿起一把大刀，使劲劈开了马车的木头棚顶。

突然，万丈光芒照了进来，刺眼的阳光照得德西蕾公主睁不开眼睛，她不知道发生了什么，只是觉得自己的身体在慢慢变形，慢慢变矮，直到变成一只白色的牝鹿。她看着自己的样子，难过地哭了起来。可是，她能怎么办呢？恶毒的诺瓦尔公主得逞了，她已经换上了德西蕾的美丽嫁衣，乘坐在豪华马车上，赶往王子的宫殿了。

牝鹿的遭遇

　　当使节把好消息告诉国王时，王子竟奇迹般地醒来了，他派士兵日夜守在宫殿的门口，时刻等待着德西蕾公主的到来。

　　螯虾巫婆和假公主刚到门口，就耀武扬威地对士兵吼道："你们这群蠢货，还不快把城门打开，美丽的德西蕾公主到了！"

　　士兵看到老态龙钟的螯虾巫婆，不禁吓了一跳，可是当他们听到德西蕾公主的名字时，就赶紧打开了城门，并立刻向国王报告。

　　国王和王子听到这个消息，赶紧上前迎接。诺瓦尔公主从车上跳了下来，嘴巴都快笑歪了，连蹦带跳地迎上前去。

　　"哦！我亲爱的德西蕾公主，您怎么敢跳下车来，要是见到了阳光……"王子的话还没说完，他就呆住了。天啊，这难道就是他日思夜想的公主吗？她的鼻头又大又红，脸上的黑斑多得数不清，一张嘴就露出又脏又黑的牙齿……

　　假公主听王子这么一问，竟装模作样地哭了起来，"要不是那个该死的侍女，我怎么会变成这样呢！该死！该死！"

　　国王听了，沉默了一会儿，他什么都没说，就派人把假公主和螯虾巫婆送到宫殿里。接着，他把王子叫到了身边。

　　"我亲爱的孩子，"国王看着公主的画像，喃喃地说道："多么希望今天来的不是德西蕾公主啊！她说话那么粗鲁，怎么可能是一位优雅的公主呢？"父亲的话提醒了王子，他决

定要查个究竟。

第二天一早，王子就带着公主出去打猎。刁钻的诺瓦尔公主一会儿说渴，一会儿说累，一步也不想往前走。可是，没多久，他们就在森林里迷路了。

"哦，亲爱的！瞧瞧你都做了些什么！"假公主露出了本性，暴跳如雷地直嚷嚷，"真是见鬼！连个坐的地方都没有！"王子并不理会这些，假公主只好气急败坏地跟在后面。

森林浓密得没有一条小路，王子只好钻过丛林，突然，王子发现了一只无比美丽的牝鹿，它的皮毛又亮又滑，眼睛炯炯有神，王子被迷住了……

"射死它！射死它！"假公主慌张极了，她亲眼看到德西蕾公主变成了白色的牝鹿，没想到竟然在这里出现了，心里又急又怕。

没想到，那只牝鹿听到喊声，赶紧逃走了，王子一不小心，手里的弓箭飞了出去，正好射在了牝鹿的肩膀上，它痛苦地倒在了地上。

哦！王子惊呆了，他看到了谁？那是美丽的公主啊！她弯曲的卷发一直垂到肩膀下，眼睛是那么的迷人，可是，她的表情却非常痛苦，因为鲜血正从肩膀上流下来。

就在这时，郁金香仙女出现了，原来她担心德西蕾公主的安全，一直在暗地里保护着她。当看到公主受伤的时候，她马上拿出仙棒连敲三下，公主的伤口瞬间便愈合了，她拉起美丽的公主说："正义终将战胜邪恶，我要惩罚这些恶人，并且为你们举行一场隆重的婚礼！"

话音刚落，宫殿立刻出现在他们眼前，周围是花的海洋，六位仙女正在用五颜六色的花瓣搭成拱门，成千上万的鸟儿为他们歌唱……罪恶的诺瓦尔公主和螯虾巫婆看到眼前的一切，捂着脸跑进森林里了，因为害怕受到惩罚，她们再也没有走出来。

从此，德西蕾公主和王子一直幸福地生活在一起。

小白牝鹿的故事也一直被人们传诵到今天。

玛琳公主

Princess

Princess

　　玛琳公主与王子相爱了，可是公主的父亲却不愿意接受这位王子，他一气之下把公主关在一座暗无天日的高塔里，要关上整整七年。可是七年之后，父亲的王国却变成了一片废墟，可怜的玛琳公主无依无靠了，她想起了心爱的王子，决定去寻找他……

梦幻童话卷│玛琳公主

公主被藏深塔

在一望无垠的稻田那边，有一座美丽的城堡，那里住着一位迷人的公主，她的歌声像风铃般清脆动听，人美得就像一朵娇艳的百合花，她就是玛琳公主。每天清晨，公主悦耳的歌声都会从城堡里传出，一直传到另外一个国家，那里的王子听见了，渐渐迷上了公主。

一个稻田飘香的早上，王子循着歌声来到了这里，他向玛琳公主求婚，公主害羞地看着王子，愉快地答应了。

这时，国王看见了，他正打算把玛琳公主嫁给另外一位王子呢。于是，他压低了嗓子，对王子说："尊敬的王子，实在不巧，公主已经订婚了，您还是请回吧！"站在一边的公主听了，着急地乞求国王："请您让我嫁给他吧！我那么喜欢他！"国王听了，更加生气了，他下令修了一座高塔，要把女儿关在里面。

塔修好的那天，国王对玛琳公主说道："你这个不听话的孩子！现在你乖乖地呆在塔里！七年之后我再来，看看你这固执的念头打消了没有！"说完，让侍卫送来七年的食物和水，然后把玛琳公主和侍女关进了高塔里。

165

高塔的墙壁被砖头和泥巴封住了，一丁点儿光线都透不进来，里面漆黑一团。玛琳公主呆呆地坐在塔里，不知道过去了多少个白天黑夜。厚厚的高塔隔绝了外面的一切，她再也见不到心爱的王子了，整天悲伤得以泪洗面。而那位王子也在想念着玛琳公主，他经常站在塔前不停地呼唤着公主，可是，高塔之内的玛琳公主根本听不到，王子总是一次次黯然地离开。

时间就这样过去了，有一天，玛琳公主惊喜地发现，食物和水越来越少，七年的期限快要到了。她欣喜地叫来侍女："七年快到了！七年快到了！"侍女发现了，也笑得合不拢嘴："国王就要接我们出去了！"

从这天开始，玛琳公主便兴奋得睡不着觉，她把耳朵贴到墙壁上，"能听到咣当咣当的石头落地的声音就好了！"玛琳公主喃喃地说，"如果听到叮当叮当的锤子的敲击声，也不错呀！"可是，几天过去了，她什么声音都没有听到。

剩下的食物已经不多了，只够吃几天的了，没有了食物和水，她们会被饿死的。玛琳公主开始有些着急，她觉得，国王好像真把她们忘记了，她必须要自己想办法。

"我们必须要凿开墙壁！"玛琳公主坚定地对侍女说，然后她拿来切面包的刀子，在石头缝的泥土中挖了起来。泥土的粉末一点点散落下来，一块石头慢慢松动了，不久，第一块石头被挖了出来，墙上出现了一个小窟窿，透过窟窿，从外面照进了一丝光线。玛琳公主看到了希望，她不肯吃饭，不肯睡觉，整整挖了三天三夜。

第三天早上，墙终于倒了，一缕阳光照了进来，晴朗的天空像是一面蓝色的镜子，湛蓝

湛蓝的，上面没有一片云彩。微风轻轻吹过，拂去公主脸上的灰尘。公主喜出望外，她们终于看到了外面的世界！

可是，当她爬出高塔再往外看时，眼前的一切把她惊呆了！城堡已经不在了，变成了一堆烂石，横七竖八地散在地上。国王也不知道去了哪里——她们无家可归了。

"哦！天啊！怎么会是这样？"玛琳的心里难过极了，现在她们只能去另外一个国家了。一路上，她们没有看见一户人家，这个国家的人已经被杀光了。她们喝不到水，嘴唇开始干裂，找不到一点儿吃的，只能依靠地里的荨麻填饱肚子。就这样，过了很多天，终于看到了一座木头房子。

玛琳公主走过去，轻轻地敲门，希望能有人收留她们。可是里面的人看了她一眼，便重重地关上门，再也不肯理睬她们。玛琳公主只好离开了这里，她想，也许王宫里的人会友好一些。

天亮的时候，公主终于来到了一座王宫前。王宫所在的城市是那么美丽，几座尖顶的城堡高低起伏，墙壁上镶嵌着五颜六色的鹅卵石。地上是大理石铺成的街道，像玻璃一样干净、光滑。玛琳公主高兴地向王宫走去。

"滚开！离这里远点！"王宫门口的侍卫拦住了她们，像对待乞丐一样地对待她们。

"哦！尊敬的侍卫！"玛琳壮着胆子，走了过去，"我们想找点活儿干，这里需要人手吗？"

那个侍卫斜着眼睛看了她们一下，觉得她们并不像坏人，就把她们带到了宫中的厨房，那里正缺人手。就这样，玛琳公主来到了宫中，她实在是太高兴了，总算有人收留了她们。

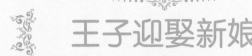

王子迎娶新娘

一天，痴心的王子看到坍塌的高塔，伤心地哭了，他以为玛琳公主死了。王子的父亲知道了，就为他挑选了另一位公主。可是，王子怎么也想不到，他日思夜想的玛琳公主已经来到了他的国家，而且就在他的王宫里。

王子的婚期到了，王宫里的人到处忙碌着，当然最忙碌的还是王宫的厨房。听说，新娘子非常挑剔，厨师一大早就开始忙碌，这会儿，芳香扑鼻的饭菜已经准备好了，厨师便命令玛琳公主给新娘子送去。

玛琳公主端着饭菜来到新房，可是那个新娘却用厚厚的面纱遮着脸。原来，那位公主生来就非常丑陋，而且心肠很坏，她骗过国王，终于成了王子的新娘。可是教堂的婚礼就要开始了，她这个样子，怎么能出现呢？想到这里，她不禁暴躁不安，拿起玛琳公主手中的盘子狠狠地摔在了地上。

玛琳公主听到了响声，害怕极了，她战战兢兢地走到新娘旁边："公主，您这是怎么了？"

丑公主看到眼前的玛琳公主，突然有了坏主意，于是，她唉声叹气地说道："你瞧，我的脚不小心扭了，疼得走不了路，我多么希望你能穿上我的婚纱，替我走一圈啊！"

167

玛琳公主听了，摇了摇头说："这怎么可以呢！您才是新娘啊！我怎么配呢！"丑公主听了，先是一愣，然后从宝盒中拿出宝石，说："你要是帮我，这些宝石就都是你的了！"玛琳公主听了，还是摇了摇头。这时，丑公主气坏了，一直把玛琳公主逼到了墙角："再不答应，我就让你像这些盘子一样，粉身碎骨！"玛琳公主这才发现，公主的脸竟然是那么可怕，大大小小的黑疙瘩，像苍蝇一样爬满了整张脸，她吓得浑身颤抖，只好答应了。

就这样，玛琳公主穿上了新娘的华丽婚纱，出现在了大厅里。所有的人都惊呆了，新娘美得就像一朵优雅的百合花，那么亭亭玉立，亮丽得连金色大厅都显得暗淡无光。这时，王子走了过来，他深情地看着新娘，心里乱极了："她怎么那么像我的玛琳，不过，这不可能，她已经死了啊！"于是，他不再想了，便拉着新娘，走向神圣的教堂。

王子怎么知道，玛琳公主心里现在是怎样的激动啊！她竟然在这里见到了心爱的王子。可是，她突然又感到心如刀绞，真正的新娘不是她，而她现在只是丑新娘的替身，这种欺骗行为对于王子来说，是多么的不公平呀！想到这里，她恰巧看到路边的一丛荨麻，便忧伤地说：

"小荨麻呀，小荨麻，

你孤单单地开着花。

你是否记得那时候，

吃着你心里也乐开了花。"

"你在说什么？"王子问。"噢，没什么，"玛琳公主回答，"我一下子想起了玛琳公主。"

梦幻童话卷 [3]琳公主

王子听了，心想，她怎么会认识玛琳公主，可是他没有把听到的话放在心上，继续向前走去。

当他们路过独木桥的时候，玛琳公主的心情又变得沉重，她多想让王子知道发生的一切。于是，她说道：

"独木桥下就是河，

不是新娘怎能过？"

"你在说什么？"王子又问。"噢，没什么，"玛琳公主又这样回答，"我一下子想起了玛琳公主。"王子听了，诧异地瞪大了眼睛："怎么，你认识她吗？"玛琳公主想了想，摇着头说："我怎么可能认识她呢？我仅仅是听说过她。"王子听了，没有说什么，又继续向前走去。

现在，他们终于来到了教堂的门口，玛琳公主的心情更加难过了，她恨透了自己，怎么能够答应丑公主的无理要求呢？她看到教堂的木门，不禁说道：

169

"教堂的门呀打不破，

我这新娘是冒牌货。"

王子听到了，不禁又问："你在说什么？"玛琳公主的眼中满是悲伤的泪水，"噢，没什么，"她继续哽咽着，"我一下子想起了玛琳公主。"王子还以为她高兴得流泪，就没有在意，拉着玛琳公主来到了教堂里。

婚礼开始了，在周围人羡慕的眼光中，王子取出了一串亮闪闪的项链，轻轻地戴在了玛琳公主的脖子上。接着，教堂里充满了欢呼声，王子幸福地拉着玛琳公主的手，而玛琳公主的心里却满怀悲伤，她已经一句话都说不出来了。

一回到王宫，玛琳公主就匆匆地跑到丑新娘的房间。脱下华丽的嫁衣，重新换上了自己的侍女衣服，不过她却忘记了一件事情，她忘记摘掉项链了，于是王子送的那串项链就留在了她的脖子上。

黑夜来临了，天空中飘起了小雨，雨点儿敲打着荨麻，发出"沙、沙、沙"的声音。玛琳公主静静地站在窗外，几滴雨落在玻璃上，顿时形成了一条水线流了下来，就像是她脸上的眼泪，无声无息地流着。就在刚才，她亲眼看到王子拉着新娘走进了新房。

新房里现在只剩下王子和新娘。王子想揭开新娘脸上那层厚厚的面纱，没想到新娘却躲躲闪闪的，王子便开始怀疑起来。

"你还记得吗？"王子故意这样问新娘，"你对路边的荨麻说过的话？"新娘一下子被问愣了："荨麻？我没有对荨麻说过话呀！"

王子心想，"自己说过的话怎么会忘记呢？"于是生气地说道："如果你不记得了，一定就是假新娘！"新娘的眼珠子不停地转着，不好意思地笑着说："嗨！你瞧瞧我的笨脑袋，我这就去问问我的侍女，我的事情她总记得一清二楚！"

于是，新娘找到了玛琳公主，着急地问她："小丫头，快告诉我，你对荨麻都说了什么？"玛琳公主回答她："我只是说：

> '小荨麻呀，小荨麻，
>
> 你孤单单地开着花。
>
> 你是否记得那时候，
>
> 吃着你心里也乐开了花。'"

新娘听见了，马上跑回新房，气喘吁吁地把刚刚听到的重复了一遍，王子轻轻地点了点头，新娘总算松了一口气。

就在这个时候，王子眯起眼睛笑了笑，接着问道："你还记得吗？我们过桥的时候，你又对桥说了什么？"新娘又被问愣了："桥？我没有对桥说过话呀！"

王子又开始生气了："你要是不记得了，就是假新娘！"新娘听了，开始慌了，她说："噢！我这就去问侍女，我的事情她记得最清楚了！"新娘又跑了出去，恶狠狠地问玛琳公主："臭丫头，你都对桥说了什么？"

玛琳公主听了，轻轻地说："我也没说别的，就是说：

> '独木桥下就是河，
>
> 不是新娘怎能过？'"

新娘听了，指着玛琳公主说："你再胡说，我就撕烂你的嘴！"然后又急忙跑回房间，把听到的重复了一遍，王子又满意地点了点头，新娘得意极了！

这时，王子看到新娘脸上的面纱，又不放心起来，他继续问道："你还记得吗？你对教

堂的门说了什么？"

新娘不得不再去问玛琳公主，玛琳公主告诉她："我只是说：

'教堂的门呀打不破，

我这新娘是冒牌货。'"

新娘听了，气得火冒三丈："你这个臭丫头，要是再胡说，小心我要了你的命！"说完，气急败坏地回到了王子那里，又把刚刚听到的说了一遍。

王子终于相信了新娘，却发现新娘那条项链不见了，他大惊失色："我在教堂里送你的那条项链呢？"新娘听了，慌张地在屋子里转来转去，结结巴巴地说："你没有送给我项链啊！"王子却一点儿都不相信："这怎么可能？是我亲手给你戴上的，连这你都不知道，肯定是假新娘！"说着，一把撕下了新娘脸上的面纱，王子看到了新娘丑陋无比的脸，不禁吓了一大跳。

然后，这个新娘跪在地上，把一切都告诉了王子。王子听了，欢喜极了！他日思夜想的玛琳公主并没有死，于是他便对新娘说："快快把那个丫头带来，我要见见她！"

恶毒的新娘听了，赶紧跑了出去，可她竟然告诉仆人："杀死厨房的那个丫头，她是个大骗子！"仆人以为这是真的，就要杀掉玛琳公主。玛琳公主害怕极了，她大声喊着："救命！救命！"王子听到了玛琳公主的喊叫，匆匆地赶过来，玛琳公主得救了！

此时，屋里的灯亮了起来，灯光照耀着玛琳公主脖子上的那条项链，它在光亮中更显得光彩夺目。这时，王子走了过来，他来到玛琳公主身边，眼神里充满了激动："哦！我知道，你就是我的玛琳，我日思夜想的玛琳！"玛琳公主笑了，幸福的泪水夺眶而出："我在黑暗中待了整整七年，我思念你整整七年，今天终于见到你了！"

这该是最美好的时刻，玛琳公主和王子拥抱在一起。

此时，天空中的雨不知什么时候停了，一轮弯月出现在头顶上，皎洁的月光就这样洒在了王宫的每个角落，一切都是那么的安静。

从此，玛琳公主和王子生活在了一起。他们爱护百姓，用心治理国家，也受到了百姓的拥护和爱戴。他们生活得甜蜜而美好。

艾丽莎公主

Princess

Princess

艾丽莎公主的十一个哥哥被狠心的王后变成了野天鹅，从此杳无音信。善良的艾丽莎公主历尽艰辛终于找到了他们，却无法解除哥哥们受到的诅咒。怎么办？为了解救哥哥们，可怜的艾丽莎公主历尽了种种磨难，她会成功吗？

哥哥变成野天鹅

很远的地方有一个国王，他有十一位王子和一位公主，王子英俊，公主漂亮，原本他们可以生活得很幸福，可是恶毒的王后并不喜欢他们，因为他们不是王后亲生的。

恶毒的王后会魔法，于是她诅咒这些孩子们："快快离开这里吧！就像那些黑色的乌鸦一样飞到野外去吧！"

可是，她的诅咒没有全部应验，十一个王子变成了美丽的野天鹅，发出奇异的叫声，从宫殿的窗子飞了出去，一直飞进海边的一个黑色的森林中。

不久，就连最小的公主艾丽莎也被王后送到了乡下。从此，公主经常一个人呆呆地坐在房间里，看着野天鹅从头顶飞过，不过她并不知道，那就是她的哥哥们。日子一天天地过去，公主也慢慢适应了那里的生活，周围的人都非常喜欢她："哦！瞧，多么美丽的姑娘，简直比篱笆上的那些玫瑰花还迷人啊！"

当艾丽莎十五岁的时候，国王把她接回了王宫，王后看到她竟然如此美丽，心里燃起一团怒火："可恶！怎么不变成一只令人讨厌的乌鸦呢！"不过，恶毒的王后觉得这样并不解恨，于是，她想出了一个更为恶毒的做法。

当天晚上，王后大施魔法，变出三只让人作呕的癞蛤蟆，然后每只都亲吻了一下，她对第一只癞蛤蟆说："当艾丽莎走进浴室的时候，你就爬到她的头上，让她变得跟你一样呆头呆脑。"对第二只癞蛤蟆说："你就坐到她的前额上，把她变得跟你一样丑陋，就连国王也认不出她。"最后，她压低嗓子对第三只癞蛤蟆说："听着，你就躺在她的胸上，让她的心变得邪恶，最终在痛苦中死去。"三只癞蛤蟆听了，乖乖地爬进水里，水立刻变成了绿色。

于是，王后笑盈盈地把艾丽莎带进浴室，想看看这场好戏。可是，三只癞蛤蟆立刻变成了三朵玫瑰花。因为艾丽莎是那么纯洁、善良，所以魔力是不会在她的身上发挥效力的。

当王后看到这个情景的时候，气得五脏六腑都要爆炸了，她狠狠地把公主拉过来，在她洁白的皮肤上涂满核桃汁，又在她迷人的脸蛋儿上抹上厚厚的臭油膏，再把她的头发拽得乱七八糟，现在，谁也认不出美丽的艾丽莎公主了。当国王看到她的时候，不禁大吃一惊："这是哪里来的乞丐？"然后，就派侍卫把她赶出了王宫。

可怜的艾丽莎悲伤地走出宫殿，不知道该怎么办。这时，她突然想起了哥哥们：要是找到他们该有多好呀！这个念头一闪而过，不过，艾丽莎还是坚定了这个想法，于是，她擦干眼泪，一直朝前方的森林走去。

艾丽莎公主就这样走了一整天，当她走进森林的时候，夜幕也落了下来，黑暗让她根本分不清方向，她只好在柔软的青苔上躺了下来。这时，花丛中，青苔里，闪着无数萤火虫的亮光，就像绿色的火星一样。她好奇地看着它们，那些快乐的小精灵飞了过来，像无数颗小星星落在了她的身上。

不久，月亮爬上了枝头，偷偷地看着这个可怜的小姑娘，把一条皎洁的月光被子盖在艾丽莎的身上。很快，疲劳困顿的艾丽莎睡着了……

兄妹喜相逢

当艾丽莎醒来的时候，阳光正从浓密的枝叶上倾泻下来，不停地摇曳着，犹如一朵朵金子做成的小花。微风轻拂，这些青枝绿叶便送来一阵阵醉人的香气，鸟儿成群地从这个枝头飞到那个枝头，忍不住飞到她的肩膀上，又羞答答地飞走了。一阵潺潺的流水声由远而近，几股清澈的泉水正向湖泊流去。湖泊的周围绿荫掩映，一群驯鹿正在美美地喝水，见到艾丽莎走来，慌忙逃离。她这才发现，那里有一个很宽的缺口，里面的水清亮得直晃眼睛，于是，她便走了过去。

艾丽莎在湖边走了没多远，突然看见了一个提着浆果篮子的老婆婆，她走上前去，向老婆婆打听哥哥们的消息。

"哦，我没有看见！"老婆婆说道，"不过，昨天我看到十一只戴着金冠的野天鹅往那边飞走了。"说着，还指了指那个方向，然后就步履蹒跚地走开了。

艾丽莎听了，欣喜万分，马上朝那个方向走去。那个地方有一条蜿蜒的小河，两岸树木交织在一起，好像两条绿色的丝带，她穿梭在这绿色的丝带中，不久就走到了河流的尽头，那尽头便是大海。艾丽莎第一次看到大海。蔚蓝色的大海上，没有一丝风，就像一面蓝色的镜子，艾丽莎静静地等待船只的到来。

当太阳落下来的时候，远处的海面上漂来了一团白色的东西，一个浪头冲来，那团白色

的东西一下子散开了，竟然是十一根白色的天鹅羽毛。艾丽莎好奇极了，要把这些羽毛捡起来，就在这时，天空中传来低沉的鸟鸣声，艾丽莎抬头一看，天空中飞来一群野天鹅，它们戴着金冠，浑身洁白，就跟她捡起的那些羽毛一样洁白。十一只天鹅排成一线，像一条长长的白色丝带。

不一会儿，那些天鹅便降落在艾丽莎的面前。这时，太阳也完全落了下去。艾丽莎惊奇地发现，那些天鹅抖着身上的羽毛，竟然一下子变成了十一位美貌的王子！那十一位王子正是自己的哥哥们。虽然他们的模样已经有了很大变化，不过想念他们的艾丽莎还是一眼就认了出来。

艾丽莎再也抑制不住内心的激动，飞奔到哥哥们的面前，泣不成声。哥哥们安抚着艾丽莎，眼里也闪着泪花。

当十一位哥哥知道妹妹艾丽莎的遭遇后，也讲起了自己的种种不幸。最大的哥哥嘶哑着嗓子说道："白天，只要太阳还悬在天上，我们就会变成野天鹅，不停地在天空中飞行，中间不能停下来休息，一秒钟都不可以！"

艾丽莎实在不敢相信这是真的，可是还有更可怕的事情，哥哥接着说："一直等到太阳落山，我们才能变回人的样子。可是，一定要找一个地方停下来，不然，我们就会掉到大海里活活淹死！"

听到这里，艾丽莎的眼里充满了愤恨的泪水。哥哥帮她擦去脸上的泪珠，继续说道："哦，别那么担心，我们还是找到地方住了下来，那里非常美丽。一年当中，我们只能往返一次，从那里回到王宫，却一直找不到你，我们只能待十一天，然后失望地飞回来。这一路上都是汪洋大海，可恶的暴风雨随时都会让我们坠落海底。幸运的是，海里的一块礁石总能让我们化险为夷。"

说到这里，哥哥们紧紧地拥抱着妹妹："可是，明天，我们就要离开这里了，你该怎么办啊？"艾丽莎哭了，她心里的每个角落都充满了忧伤，她刚刚见到了日思夜想的哥哥们，他们却很快就要离开了。

艾丽莎沉默了很久，然后她突然抬起头来，红肿的眼里竟然闪过一丝欣喜："我可以跟着你们啊，这样我们不就在一起了吗？"

哥哥们听了，先是一愣，又忧郁地低下了头。"我的傻妹妹！这可不是闹着玩的！去那里要历尽千辛万苦，万一有个闪失，你也会跌进浩瀚的海洋啊！"艾丽莎却耸了耸肩，若无其事地说道："这怕什么？我有足够的信心和勇气！"

哥哥们听了，先是欣慰地笑了笑，然后又捏着她的小脸蛋儿："还是我们的艾丽莎有勇气啊！"就这样哥哥们答应了艾丽莎。他们觉得自己的妹妹真的长大了，是时候让她面对一些磨难了。

惊险的旅行

　　哥哥们用柔软的柳树皮和坚韧的芦苇织了一个又大又结实的网子，把熟睡的妹妹轻轻放进去。然后他们用嘴巴衔起这张网，向高高的云层飞去。

　　当艾丽莎醒来的时候，他们已经离开陆地很远了。她以为自己仍然在做着梦。她的身边还放着新鲜的浆果，这样她便不会饥饿了。她低头一看，这才发现，自己已经飞在了高空中，身后耸立着一座巨大的山峰，阳光照了过来，便在那里留下了她和十一只天鹅的美丽影子。不过，来不及细看，哥哥们就像呼啸的箭一样，飞驰过去，艾丽莎的身体晃得厉害，她吓得闭上眼睛，咬紧牙坚持着。

　　意外的情况随时都会发生。中午过后，哥哥们有些吃不消了，他们要带着妹妹，这实在是太累了，速度也比平时慢了很多。而天空中的阴云，总是挡住他们的视线，哥哥们一分一秒地坚持着。艾丽莎非常明白，如果找不到那块礁石，天黑之后，他们都会掉进大海里被活活淹死。

　　想到这里，艾丽莎不禁出了一身冷汗。她看到网中的浆果，狠狠心把它们扔掉了——这个时候，她也该为哥哥们做些事情了。她头顶的乌云越来越厚，不久，一道道闪电划过天空，天空中咧开了一个个血盆大嘴，接着雷声也肆意狂吼，暴风雨来了！他们到底还能坚持多久呀？艾丽莎不敢去想。

179

　　猛地，一阵急速的风携着略带腥味儿的海水吹向他们，使得网子剧烈地摇摆，艾丽莎感到一阵眩晕，心也跟着颤抖起来，于是，她闭上了眼睛，以为自己就要死了。可是，颠簸居然一下子停止了，他们站在了一块黑色的礁石上。哥哥们又变回了王子的容貌，此时，他们正团团把妹妹围住，欣喜地看着她呢。接下来，他们要用自己的身体为妹妹挡住海浪，一整夜都这样保护着她。

　　长夜总算过去了，太阳出来了，天鹅们又带着艾丽莎出发了，他们从这块礁石上起飞了。不一会儿的工夫，就离开汹涌的海面，来到了半空中，急速的风在他们耳边响起，艾丽莎这会儿已经

不那么害怕了。

就在这时，远处出现了一个美丽的地方。峻峭的山峰上还有闪亮的冰层，好像飘在半空中，周围有茂密的棕榈树林，不远处就是一座美丽的教堂。艾丽莎抑制不住内心的激动，对天鹅们喊道："到了！我们到了！"那里应该就是哥哥们说的那个地方吧。可是天鹅们却使劲摇了摇头："妹妹，那里是海市蜃楼，根本不是我们要去的地方！"艾丽莎失望极了，可是，哥哥们说的没错，那些教堂原来不过就是飘在水上的一层海雾。

他们又飞出去很远，快到下午的时候，哥哥们指了指远方的一座宫殿，喜笑颜开："妹妹，现在真的到了！"艾丽莎还没有来得及细看，天鹅们一阵低飞，把她放在了一个山洞前，洞边长满了细嫩的植物，看起来那么茂盛，好像锦绣的地毯一样。

当天晚上，艾丽莎就住在了这里，可是她却一点儿也睡不着，整夜都在想着该怎样救出哥哥们。她不停地祈祷着，不知不觉睡着了。梦中，有个仙女出现了，她是那么的年轻美丽，全身发出夺目的光彩，不过，她的样子倒是看着很眼熟，像极了那个提着浆果篮子的老婆婆。

仙女对她说："勇敢的艾丽莎姑娘，你一定能救出你的哥哥们！"

艾丽莎高兴地跳到仙女身边说："那么请您告诉我，我该怎么做呢?"

　　仙女温和地笑了，她对艾丽莎说："在这个山洞的洞口，长着很多荨麻。你得把这些荨麻拔起来，用脚踩烂，踩成一堆麻。你用这些麻纺线，然后用这些线织出十一件披甲，把十一件披甲穿在那十一只天鹅的身上，你的哥哥们身上的魔力就解除了。"

　　艾丽莎一听，心里乐开了花："呵！原来这么简单呀！"仙女扑哧一声笑了："傻孩子，荨麻会扎得你满手是血，烫得你脚上出泡。即便这样，你都不能吭声。还有，从一开始，你就不能说一句话，如果说了一个字，就会有锋利的剑刺进你的哥哥们的身体。记住，他们的生命是悬在你的舌尖上的！"

　　就在这时，艾丽莎突然醒了，因为她的手刚刚被荨麻扎到了，在她睡觉的山洞周围就有一片荨麻，跟她在梦中看到的一模一样。

刑场上的奇迹

艾丽莎一下子从地上爬了起来，开始采摘荨麻。人碰到这种植物竟然感觉像火烧一样刺痛，她娇嫩的手臂很快被刺出了很多水泡。可是，她忍住了疼痛，把周围所有的荨麻都采了过来，然后光着脚丫把它们踩烂，终于，她从里面取出了许多绿色的麻，开始编织起来。

当太阳下沉以后，她的哥哥们回来了。可是他们看见艾丽莎一句话都不说，开始恐慌起来，他们以为妹妹也遭到了王后的诅咒，不禁流下了眼泪，那眼泪滴落到艾丽莎的水泡上，那些水泡便奇迹般地消失了。

这天晚上，艾丽莎不肯休息，整夜都在忙碌着。第二天，天鹅们飞走了，可是她一点儿也没有察觉，因为她把所有的心思都放在了编织上，一件织好了，马上就开始织第二件。

正当艾丽莎全神贯注地编织时，远方传来打猎的号角声。紧接着，一条猎狗跑了过来。艾丽莎赶紧躲进洞里，飞快地整理那些荨麻，在最短的时间内把它们扎了起来，然后自己坐了上去。她刚刚坐下，猎人们就来到了这个洞口。其中，有一个人非常英俊，他就是这个国家的国王。国王看到美丽的艾丽莎，走了过去，当他看到艾丽莎手上的水泡时，心疼极了："哦，可怜的姑娘，你受苦了，我这就带你离开这里！"

艾丽莎始终不敢说话，哪怕只说一句话，也会要了哥哥们的命。

就这样，艾丽莎被国王带进了宫殿里，当她装扮一新时，所有的人都被她的美貌惊呆

183

了。这时，国王走了过去，他挽起艾丽莎的手，让她做自己的新娘。艾丽莎不说一句话，脸上尽是哀愁。她心里暗暗地发愁：这样还能有机会纺织披甲吗？

国王笑着把艾丽莎送到她的卧室。艾丽莎顿时惊呆了，卧室的形状跟她住过的山洞一模一样，那捆荨麻就搁在地上，天花板下还悬着她已经织好的披甲。当艾丽莎看完这些时，嘴角浮现出一丝微笑，吻了一下国王的手。国王高兴极了，兴奋地拥抱着她，宣布婚礼开始。现在，这个来自森林的美丽的哑姑娘，成了这个国家的王后。

这之后的每个夜晚，艾丽莎都会跑到卧室里偷偷地编织，她一刻也不敢怠慢，就在她织到第七件的时候，麻却用完了。教堂的墓地那边倒是长着许多荨麻，可是让她亲自去摘，她该是多么害怕呀！艾丽莎想了想，为了十一个哥哥，她什么都豁出去了。

有一天晚上，下起了大雨，艾丽莎战战兢兢地跑到了那里。不料却被大主教发现了，他立刻跑去告诉了国王，说她是可怕的巫婆。国王并不相信，可是当他前往墓地的时候，恰恰看到了成群的吸血鬼，而艾丽莎却走进教堂墓地后消失了。国王顿时吓傻了，他以为艾丽莎也是其中的一员呢！于是，他把艾丽莎关进了牢房，并下令用火烧死她。艾丽莎听到这一切，伤心地哭了。可是当她看到牢房中的荨麻时，又开心地笑了，随后她擦干眼泪，继续编织，几天几夜都没有休息，眼看着第十一件披甲也要完成了。

可是，行刑的日子到了，艾丽莎被带到了囚车上，她美丽的头发蓬松地飘着，脸上没有了血色，围观的人骂着她。可是，她却根本不去理会，最后一件披甲就差最后几针了，她正在争分夺秒地完成它。可是，围观的人却拿起她手中的披甲，要把它们撕成碎片。就在这时，天空中出现了十一只白天鹅，它们拍着宽大的翅膀，把艾丽莎团团围住，围观的人害怕极了，吓得赶紧撤到道路的两边。

钟声突然响了起来，刽子手把艾丽莎送到了刑场上。艾丽莎赶紧把披甲抛起，披在了天鹅身上。顿时，十一位英俊的王子出现了！他们紧紧地抱住艾丽莎，可是艾丽莎却倒在哥哥们的怀里，晕了过去。

哥哥们把这一切都告诉了国王，这时，艾丽莎身边的火堆灭了，那些木头长出了嫩芽，不久开出了几百朵玫瑰花，其中有一朵花，芳香四溢，闪烁着耀眼的光芒，亮得就像一颗星星。国王走过去，摘下它，轻轻地别在了艾丽莎的胸前。

这时，艾丽莎苏醒过来了，她感到从没有过的轻松和快乐。国王走到她身边，轻轻地挽起她，深情地看着她，拉着她回到王宫。他们经过的路上，始终弥漫着一股清香。鸟儿也成群结队地飞来，在他们头上盘旋，这个场面的确是在任何王国都没有见过的。

从那以后，艾丽莎和国王幸福地生活在一起。她用自己的智慧、坚忍和勇气挽救了哥哥们，同时，也为自己赢得了幸福的生活。

牧鹅姑娘

Princess

Princess

　　一个王国的王子要结婚了，可是在婚期将近的时候，他却放弃了自己的"新娘"，要娶一位牧鹅姑娘。原来这里有一段离奇的故事，恶毒的侍女制造了一个惊天的大骗局，"新娘"是由她假扮的，而美丽善良的牧鹅姑娘才是真正的公主！

186

公主远嫁

　　在高高的城堡那边，绿色的树林围绕着城池。那里有一个不大不小的王国，国王和王后非常恩爱，在一个轻风吹拂的早晨，可爱的小公主出生了。可是，没过多久，国王就生病去世了。公主一天天地长大，她是那么乖巧、可爱，有着精灵般美妙的笑容，还有一头波浪般的金色长发，看起来非常美丽。

　　一位王子听说了，便派使者前来求婚。王后很满意，便答应了这门亲事。

　　慈祥的王后整日在宫中忙碌着，她把晶莹剔透的玛瑙、光彩夺目的钻石，一件一件地包裹起来，那是王后送给女儿的嫁妆。侍女看见了，恶狠狠地诅咒说："统统变成比煤炭还黑的一堆烂石头吧！"可是，她的愿望没有实现，这些宝石变成了一把亮闪闪的金壶。当天，王后又挑选了一匹年轻力壮的大白马，侍女又开始诅咒说："快快变成又老又病的废马吧！"这次，她还是没有得逞，那匹马变成了一匹会说话的大马，公主叫它"法拉达"。

　　在一个花香四溢的清晨，布谷鸟正陶醉地在枝头歌唱，公主身穿华丽的衣裳准备出嫁了！王后的眼中闪着泪花，轻轻地为女儿梳理长发。

　　这时，王后突然想起一件事情来，她转过身去，从鬓角剪下一小缕头发，小心翼翼地放在公主手里，并对她说："我亲爱的孩子，好好保管它，它会保佑你平安的！"公主接过它，轻轻地揣在了怀里。

　　一切都准备好了，公主该出发了。那位侍女来到公主身边，眨着眼睛说："哦！美丽的公主，您多么需要有个人照顾呀！我会为您效劳的！"公主正想路上有人陪伴呢，于是骑上大马，带着侍女一起离开了自己的王国。

太阳已经升得很高了，她们整整走了一个上午，周围热得让人透不过气来，公主的嗓子里像是爬满了虫子，她难受得咳了起来，就在这时，她发现了一条小河，它穿过树林，一直向远方伸去。

公主喜出望外，对侍女说："请您到前面的小河那里，用金壶给我舀些水来吧，我实在是太渴了！"侍女看了她一眼，暗笑了一声，假惺惺地说："哎哟，公主，我好像生病了！"说着，装作有气无力的样子倒在了地上。

"哦！你肯定是渴坏了！"善良的公主跳下马来，提着重重的金壶来到了小河边。侍女却又开始诅咒："快快让那该死的公主倒在水里淹死吧！"

那条小河看起来不是很深，可是岸边的几块大石头却挡住了去路。公主刚要打水，突然脚下一滑掉进了水里。她在冰冷的水里挣扎了好久，好不容易爬到了岸边。奇怪的是，她明明感觉膝盖重重地摔了一下，可现在却一点儿也不疼了。于是，她抖抖衣服上的水，上岸去了。这时，一个声音在耳边响起，那么轻柔：

"哎呀呀！哎呀呀！侍女心肠黑又坏，公主可要当心啊！"

公主听了，心想："侍女怎么会黑心肠呢？"她一点儿都没有把这些话放在心上，提着水上岸去了。

喝完水，她们很快就上路了，一直到晚上，才坐下来休息。月亮爬到了半空中，河水泛起了淡淡的波纹。劳累了一天的公主，此时倦意绵绵，很快就睡着了。朦朦胧胧中，她好像看到一个黑乎乎的影子，正在往自己身边靠近。倏地一下，一道亮闪闪的银光闪过之后又跑远了。

突然，那个声音又响了起来：

"哎呀呀！哎呀呀！侍女心肠黑又坏，公主可要当心啊！"

公主终于发现，跟她说话的不是别人，正是怀里的那缕金发，那声音那么温柔，仿佛是王后正用关切的眼神看着她！

正当公主看着头发发呆的时候，那个黑影又慢慢地靠近她了，一把夺走了她手里的金发。

"哦！不！"公主不敢相信，那个黑影就是侍女，她居然抢走了王后送给自己的金发。

"不用担心！亲爱的公主！"侍女轻描淡写地说，"我已经偷偷把金壶扔到了水里，相信河里的鱼儿更喜欢它！哈哈！不过，现在，你连护身符都没有了，可要乖乖地听我的啊！"

果然，第二天，侍女变得更加狂妄，她夺走了公主的法拉达，得意扬扬地骑了上去。走了没多远，她又扒下了公主的衣裳，欣喜若狂地穿在了自己的身上。

法拉达眨了一下眼睛，所有的一切它都记在了心里，它跑得更快了，只要到了王子那里，告诉王子，一切都会好起来的。

公主变成牧鹅姑娘

　　银白色的小溪潺潺地流着，在一片绿油油的草坪前，溪水突然消失了，一座城堡矗立在眼前。银灰色的塔顶上，飞起一群白鸽，它们在空中盘旋着，又齐刷刷地朝公主飞来，调皮地落在她的肩膀上。

　　这时，侍女的眼睛中掠过一丝恐慌，她恶狠狠地威胁公主："不许对王子说你是公主！"她停了停，眼神变得更加邪恶。"要是你说了，我会杀死你！"公主有些害怕了，就一声不响地跟在侍女的后面。

　　不一会儿，城堡的门开了，风度翩翩的王子朝她们走了过来，他满怀深情地拉着骑在法拉达上的那位"公主"说："快随我进宫，我们一起共进晚餐！"

　　整个晚上，公主都跟随在假公主身旁，她注视着王子白皙的脸庞，他竟然是那样英俊。可是，现在，她却只能远远地看着他，不禁叹了一口气。不料，这口气却化成了一股微风，一下子吹乱了王子的头发，就在这时，王子突然抬起头来，看见了她。

　　"哦，姑娘，你是谁呀？"王子以为她是侍女，不过他还是第一次看到这么优雅的侍女，所以觉得很奇怪。公主多想告诉王子事情的真相啊，可是她一看到假公主那邪恶的目光，便不再说话了。

　　"哦，她呀！是我的随身侍女。"假公主装作若无其事的样子说，"她最喜欢干活儿，请您给她一些活儿干吧!"

　　旁边的国王听见了,想了一会儿,确实找不到一个适合她做的活儿,只好说:"让她跟柯德金一起放鹅吧!"公主就这样变成了牧鹅姑娘。

　　第二天,朝霞出来的时候,整个天空都被染红了。一个屠夫杀死了法拉达,又把它的头挂在了城门上。恶毒的假公主实在太担心了,她担心会说话的法拉达把真相说出来,于是指使屠夫做了这一切。

　　早上,公主和柯德金赶着鹅群从城门经过时,她无意中发现了法拉达的头。公主伤心极了,感到自己的心在不停地颤抖,她流着眼泪对马头说:

　　　　　　"法拉达,法拉达,
　　　　　　我有多么想念你啊!"

　　突然,马头眨了眨眼睛,马上回答:

　　　　　　"新娘子,新娘子,
　　　　　　千万不要伤心了。
　　　　　　出城好好去放鹅,
　　　　　　母亲会保佑你的!"

　　公主揉了揉红肿的眼睛,赶着鹅群走出城去。很快公主和柯德金就来到了一片草坪前,这里芳草萋萋,野花吐香。微风轻抚,调皮地吹着公主的长发,她的头发很快就被吹乱了,公主只好坐下来重新整理一下。看着她那波浪般卷曲的金发闪闪发光,柯德金好奇极了,便跑上前去想拔几根头发下来。

　　公主连忙喊道:

　　　　　　"风儿,风儿,快来呀,
　　　　　　吹走柯德金的帽子!
　　　　　　风儿,风儿,快吹呀!
　　　　　　他跟着帽子不停追赶,
　　　　　　直到我金色的头发,
　　　　　　全部盘卷整齐呀!"

　　她的话音刚落,马上呼呼地吹来了一阵大风,一下子把柯德金的帽子给吹走了,风卷着帽子吹过小山,柯德金着急地跟着追了过去。过了很久,柯德金才拿回了他的帽子,这才发现,公主的头发早就盘卷整齐,正坐在草地上放鹅呢!柯德金气坏了,再也不跟公主说话了。

　　第三天清晨,当他们走过黑暗的城门时,公主又看到法拉达的头,伤心极了,她哭着说道:

　　　　　　"法拉达,法拉达,
　　　　　　我有多么想念你啊!"

马头眨了眨眼睛，又开始说话了：

> "新娘子，新娘子，
>
> 千万不要伤心了。
>
> 出城好好去放鹅，
>
> 母亲会保佑你的！"

公主听了法拉达的话后，赶着鹅群去放鹅。奇怪的是，风又吹乱了她的长发，她刚想整理长发，柯德金又要拔她的头发，公主赶忙喊道：

> "风儿，风儿，快来呀，
>
> 吹走柯德金的帽子！
>
> 风儿，风儿，快吹呀！
>
> 他跟着帽子不停追赶，
>
> 直到我金色的头发，
>
> 全部盘卷整齐呀！"

风又吹了过来，卷走了帽子，柯德金又去追他的帽子。当他拿着帽子回来时，公主又坐在草地上放鹅，她的头发已经盘卷整齐了。柯德金脸色发青，赶着鹅群气呼呼地一个人走了。

晚上，当他们回到王宫之后，柯德金就对国王说："我再也不要这个奇怪的姑娘帮我放鹅了。"

"啊？为什么呀？"国王好奇地问。

"她整天什么都不做，就知道戏弄我。"柯德金气愤得把发生的一切都说了出来。

国王听了，先是吃惊得愣了一下，然后拍着柯德金的肩膀，对他说："哦，可怜的孩子，过了明天，我一定会帮你换人的！"柯德金听了，只好垂头丧气地离开了。

真相大白

　　第二天清晨，阳光透过窗子照在牧鹅姑娘的小脸蛋上，她像往常一样醒来。不过，她仿佛觉得今天的阳光格外温暖，阳光照射的地方显得更明亮一些。然后她起身走出屋门，叫上柯德金，跟往常一样去放鹅。

　　这时，国王也悄悄地走出了房门。他没有骑马，没有带随从侍卫，今天他要做一件非常重要的事情，他悄悄地跟在牧鹅姑娘的后面，走了很远，牧鹅姑娘并没有发现他。

　　当牧鹅姑娘走过城门时，她流着眼泪跟法拉达说话，法拉达还像以前那样回答她。国王在暗中听得清清楚楚。接着，牧鹅姑娘又来到牧场，那阵调皮的风又吹过来了，接下来国王看到的一切跟柯德金说的一模一样：先是微风吹乱了牧鹅姑娘的头发，接着大风把柯德金的帽子卷走，然后柯德金又气急败坏地去追帽子……

　　"哦！多么奇怪！"国王喃喃地说，他隐约感到，牧鹅姑娘不是一般的侍女，在她身上，肯定还有着别人不知道的秘密。看完这些，他又悄悄地回到宫中。

　　到了晚上，牧鹅姑娘把鹅赶回鹅棚，轻轻地关上栅栏，慢慢地走回屋内。突然，地上出现了一个影子，紧紧跟着牧鹅姑娘。

　　牧鹅姑娘非常害怕，她对着那个影子哀求着："哦！不！我一切都按照您说的去做，求

您不要杀我！"

　　那个黑影子轻轻地走了过来，牧鹅姑娘吓得赶紧捂上了眼睛："哦！不！不！"那个影子却停在了那里，一动也不动，过了一会儿，他终于说话了："哦，美丽的姑娘！究竟发生了什么事？"

　　说话的不是假公主，竟是王子！原来，王子已经从国王那里听说了这一切。现在，他打算向牧鹅姑娘问个明白。

　　萤火虫在他周围飞来飞去，映红了他那张英俊的脸。"究竟是谁要杀死你呢？"王子这样问道。

牧鹅姑娘慢慢抬起头，深情地看了王子一眼，然后又露出恐惧的神色，她紧张地摇了摇头："我不能说，否则我会被杀死的！"

"哦！可怜的姑娘。"王子紧紧地握住了牧鹅姑娘的手，"别怕，别怕，告诉我吧，我会帮你的！"

牧鹅姑娘被王子的话感动了，她相信王子会帮助她，于是她不再哭泣，悄悄地说出了真相。她觉得自己终于不用担惊受怕了。那天晚上她躺在床上，没多久，就甜甜地睡着了。

第二天，王子把牧鹅姑娘带到宫中，给她换上了崭新的礼服。当牧鹅姑娘穿上新礼服的时候，她的皮肤像白玫瑰花瓣那样光滑白皙，一头金色的头发油亮光滑，是那样的光彩照人。

假公主看到这一切，紧张极了："哦！天哪！你怎么会在这里？"她说起话来结结巴巴的，气得嘴巴噘得老高。

王子却偏偏看着牧鹅姑娘，眼神中满是爱慕。他感到幸福极了，这才是他真正的新娘，她是那么端庄、美丽，还有一颗善良的心。他缓缓地走近牧鹅姑娘，挽起她的手，轻轻地亲吻了一下。

假公主再也看不下去了："这简直太荒唐了！快来人！快来人！赶走这个不要脸的侍女！竟然在这里冒充新娘！"

王子听到了，微微翘起嘴角，浅浅地笑了："哦，是吗？那么你打算怎样处罚假新娘呢？"

"把她装进一只钉满了钉子的木桶里！"假公主咬牙切齿地说，"最好能用两匹好马拖着她，让她痛苦地死去！"

这时，牧鹅姑娘一抬手，假公主怀里的那缕金发顿时飞了出来，它闪闪发光，慢慢变成了一面镜子。镜子里，有一座美丽的城堡，绿色的树林环绕着它，一切都是那么美丽。突然，一个侍女出现了，她恶狠狠地诅咒公主，又一路刁难公主，甚至还残忍地杀死了法拉达，害得公主变成了牧鹅姑娘……

"你见过这个人吗？"牧鹅姑娘指着镜子中的人，抬头看着假公主，假公主神色慌张，战战兢兢地蜷缩成了一团。

王子走了过来，指着假公主说："那好吧！就像你说的那样，我们现在就要惩罚假新娘！"说着，就让侍卫带走了她。

火红的太阳升起来了，金黄色的光芒透过每一寸土地，悄悄地钻进了泥土里。泥土里还留着牧鹅姑娘的脚印，现在它们变成了一朵朵金色的花，摇曳着送出阵阵清香。王子和牧鹅姑娘的婚礼就在这里举行，他们幸福地拥抱着。此时，头顶突然飞来无数只白鸽，无声地落下，又盘旋而起，默默地为他们祝福着。

五月花公主

Princess

Princess

国王为了躲避仙女的报复，把五月花公主放在一座密不透风的高塔里。可是，在她快二十岁的时候，却爱上了虚伪的使臣，并不顾一切地跟随使臣来到了一座孤岛上。为了得到公主的财宝，使臣终于露出了凶恶的真面目，他甚至要杀死公主……

密不透风的高塔

很久以前，在一座华丽的宫殿里，住着一位国王和他的王后，他们遭到了仙女的诅咒，以至于他们的孩子一个接着一个都神秘失踪了。后来，他们又生了一个小女孩，她是在繁花似锦的五月出生的，所以给她取名"五月花公主"。可是，国王和王后却整天惶恐不安，他们害怕小公主再遭毒手，于是邀请所有的仙女为小公主洗礼。

洗礼那天，国王邀请的仙女纷纷赶来：第一位仙女赐给公主如花朵般美丽的容貌；第二位仙女赐给公主聪明的头脑；第三位仙女赐给公主夜莺般婉转动听的歌喉；第四位仙女赐给公主非同一般的好运气；第五位仙女刚要开口说话，意外的情况发生了……

"轰隆"一声巨响传来，从烟囱里冒出一团黑影，怪笑着说道："要我说呀，在二十岁之前，她一定是这个世界上最不幸的人。哈哈哈！"她的笑声那么恐怖，所有人都惊呆了。

等到国王缓过神的时候才想起来，这位仙女就是恶毒的卡拉波斯，她蛮横刁钻，而且心肠很坏，国王从来没有重用过她。她恨透了国王，便发出诅咒，让国王的孩子都神秘失踪，今天她又来诅咒可爱的五月花公主。

国王担心极了，他把公主带进了一座高塔，并把那座高塔密封得严严实实，一丁点儿光线都透不进来。不过，国王还是在地下留了一个窄窄的通道，方便行走。从此，公主便生活在这个暗无天日的高塔里。

　　时间一天天过去，五月花公主慢慢长大了。就像各位仙女说的那样，她拥有花儿一般娇美的面容，她的聪明常人都无法企及。国王和王后都感到非常欣慰。唯一让他们不放心的是，每次公主都会苦苦乞求国王带她出去看看，国王怕她逃走，就赶紧派侍女看着公主。

　　从那以后，公主不再缠着父亲放她出去了，因为侍女经常讲起塔外的事情，虽然她并没有亲眼见过，不过她聪明的脑袋能够想象这一切，而这一切又让她如此兴奋，"唉！要是有办法看到外面的世界，该是多么幸福的事情啊！"

　　时间过得飞快，转眼公主二十岁生日快到了，很多国家的干子都来求亲，梅林干子也派来了使臣。侍女把这些都讲给了公主听，公主听后，比以往任何时候都要激动，甚至整夜都没有睡觉。

　　天亮的时候，侍女来送早餐，却发现公主正在凿墙。侍女大惊失色，她几乎要把带来的饭都摔在地上了："哦，天啊！亲爱的公主，你究竟在做什么？"公主的头抬也不抬："哦，没什么，我不过想看看外面而已。"侍女吓得跪地求饶："求你了，公主，你别再凿了，万一国王知道了，他肯定会要了我的命的！"可是，执拗的公主哪里肯听，她指着侍女，凶巴巴地说道："你要是敢说出去，我就再也不吃饭了，活活地饿死！"侍女无可奈何，只好答应了。

　　第二天早上，公主终于凿出了一个非常小的孔，小得连一根缝衣针都放不进去。不过，透过这个小孔，她一下子看到了塔外的使臣，她兴奋极了，不禁发出一声又一声的赞叹："哦！天啊！这简直太不可思议了！"

爱上了使臣

　　就在当天，当所有使臣来到王宫的时候，国王派人来接五月花公主，让她去参加隆重的订婚宴会。

　　五月花公主终于走出了高塔，她必经的街道上铺着红红的地毯，而周围的人纷纷扬起手中的花篮，把香气四溢的花瓣撒在她的头顶。这时，一个骑着大象的小矮人向她走来，他是仙女派来的。他先是给公主穿上了一件紫色的绸缎礼服，然后又把绣着蝴蝶翅膀的奇特披肩给她披上，最后还把一顶金黄色的王冠戴在她的头上。当公主穿戴完毕，站在大家面前的时候，她是那样娇美动人，所有人都惊呆了。

　　突然，天空中出现几朵乌黑的云团，顿时雷雨交加，路边

198

的人都淋成了落汤鸡。这都是那个邪恶的仙女卡拉波斯搞的鬼，她多么希望看到公主狼狈的样子。可是，公主的衣服发出璀璨的金光，射向天空中的云团，一转眼，云团便跑得无影无踪，天空也变得湛蓝湛蓝的。邪恶的仙女卡拉波斯只好气急败坏地飞走了。

这时，国王走到公主身边，把一个宝盒打开，从里面拿出一条璀璨夺目的珠宝项链，就连旁边的王后也没有佩戴过这么美丽的项链。但是，公主却不屑一顾，她的眼睛始终停留在一个使臣的身上。从她在塔内的小洞中看到那个使臣的那一刻，她的心便不停地狂跳，她是第一次见到如此俊朗、潇洒的男士，所以不由自主地喜欢上了他。而那个使臣看到她时，惊慌得竟然忘记了行礼，因为她比传说中的还要漂亮，还要高贵。

很快，订婚宴会开始了，大家都举杯向国王庆祝。趁着国王不留意，公主偷偷地跑到了使臣的身边，含情脉脉地对他说："哦，尊敬的阁下，您大概不知道我有多么喜欢您！您骑着漂亮的高头大马，是那么让人着迷。不过，我真替您感到可惜，您却不是王子。哦，不过，这没关系，我是那么喜欢您。我想跟您幸福地生活在一起。"那位使臣简直不敢相信自己的耳朵，他兴奋得浑身发抖，一句话都没有说出来。

宴会很隆重，大家沉浸在快乐之中，一直狂欢到很晚。很多客人感到疲惫，纷纷回去休息了。最狼狈的要数国王，他高兴得喝过了头，现在已经是烂醉如泥了，王后只好派人把他送回宫中。公主看到这一切，心中一阵窃喜："机会来啦!"她几乎是两步并作一步，飞奔到使臣面前，"亲爱的，我们快快离开这里吧。再不走，可就来不及了!"使臣想了想，觉得这个主意实在不错，于是便答应了。

不过，公主并没有马上动身。她聪明的脑袋提醒了她："不带上点儿宝贝怎么能行呢?"于是，她便溜进国王的寝室，悄悄地拿走了一把镶着宝石的短剑，那是国王的；还有一条美丽的镶着红宝石的围巾，那是王后的。

最后，她又装了一些金币，现在公主的心里踏实多了。

就这样，公主一手提着灯笼，一手拉着使臣，跟跟跄跄地奔跑在泥泞的街道上。那个使臣不知道是高兴过了头，还是紧张过了头，一个劲儿地摔跟头。不过，还好没有人发现他们的行踪，他们便顺着这条街道一直走到了大海边。

大海边上有一艘小船，一个老态龙钟的船夫刚把船停在岸边，就发现了慌慌张张的公主和使臣。他一眼就认出了公主，却不知道接下来会发生什么，只是站在那里呆呆地看着。

公主几步跑了过来，一下子跳到小船上，对那个老船夫喊道："开船! 快开船! 我会重重赏你的!"那个船夫听了赶紧照办。

可是，他们刚刚驶出海岸，就迷失了方向。就在这时，王后围巾上的一颗红宝石发出了耀眼的光芒，好像五十个火把照亮了整个海面，现在他们再也不用为找不到方向发愁了。

使臣看到这种情景，高兴得直跺脚，他拉着公主的手说："亲爱的，我们自由了，接下来我们去哪里呢?"公主涨红了脸，羞答答地说："去哪里都行，只要我们能在一起。"说完，便转过头去，向老船夫问道："你知道哪里可以躲起来吗?"

船夫看了他们一眼，想了想，眼里闪起了光："哦，我想起来了! 有个岛叫松鼠岛，那里非常偏僻，很多人都不知道，不过那里的风景却十分美丽，你们觉得怎么样?"

公主听了，欣喜若狂地说："好! 去那里，就去那里! 快点儿，再快点儿!"

就这样，船在水上划出一道道美丽的波纹，一直往松鼠岛划去。

惊险的孤岛生活

老船夫驾着这艘船一直在海面上行驶，快天亮的时候，他们终于来到了松鼠岛上。太阳暖暖地照着这个小岛，清新的空气弥漫着每个角落，让人觉得舒服极了！

公主登上小岛，从怀里掏出了一百个金币，赏给了老船夫，并让他发誓绝不能把这件事情告诉任何人。忙完这些，公主就软软地靠在一棵大树上睡着了，她实在太困了。

那个使臣的肚子叽里咕噜地叫着，这让他根本没有办法睡觉，他有些生气，便走过来叫醒了公主，开始抱怨起来："我的公主，你怎么会带我来到这里？我现在就要饿死了，虽然你美丽迷人，可是光看着你也没有办法填饱肚子啊！"

公主听了，不情愿地爬了起来，一脸的不高兴："哦！听听！听听！你在说些什么？有我陪在你身边，你还不觉得幸福吗？"

"幸福？"使臣两手抱起了头，使劲摇晃着，"不！我感到自己很不幸！我真希望没有见过你！"

听了使臣的话，公主也有些生气，不过她还是用商量的口吻说道："亲爱的，别着急，我去帮你找点儿野果吃！"

使臣听了，轻蔑地笑了，然后突然对她大吼："我宁愿你找到一只凶恶的狼马上吃掉你！"

公主伤心极了，心情非常沮丧。她一个人走进岛上的森林里，希望那里能有些吃的。可是走了很久也没有找到。她美丽的裙子很快被撕破了，就连手也不小心被荆棘刺伤了，她心里满是委屈，于是坐在一株白玫瑰下，伤心地哭了起来，眼泪一滴一滴落到泥土里。

没过多久，那株玫瑰的枝条不停地晃动着，叶子摇曳着发出"唰唰唰"的响声，一个柔和的声音从美丽的玫瑰花苞中传了出来："善良的公主，到前面的那棵大树下，取下树枝上的那个蜂巢，吃掉里面的蜂蜜，最好一个人吃掉。不然，你肯定会后悔的！"

公主走到那棵大树前，好不容易才爬了上去，小心翼翼地取下了那个蜂巢，险些被蜜蜂蜇到。当她喜出望外地看着这个蜂巢时，早就把玫瑰花苞的诘甩在了脑后，她飞跑着来到使臣面前，说道："看哪！我找到一个蜂巢，我多想吃掉它，可是我还是愿意跟你一起品尝它。"可是，可恶的使臣没有等她把话说完，就一把抢过蜂巢，把里面的蜂蜜舔得一干二净，一丁点儿都没有给公主留下，他根本就没有把公主放在心上。

此时，公主又失望又难过，她怎么也想不到使臣会这样。不过，她的肚子饿得难受，只能再去森林里碰碰运气。可是，找了很久，也没有找到可以吃的东西，于是她便坐在一棵橡树前哭了起来。没想到，那棵橡树伸开手臂，轻轻地为她擦去泪水，然后对她说："善良的公主，在树洞里有一罐牛奶，趁热喝掉，可不能再饿肚子啦！"公主听了喜出望外，走到那个树洞前。果然，那里有一罐新鲜的牛奶。她刚要把它一口喝掉，突然又想起了使臣，于是她便拿着那罐牛奶，兴高采烈地来到使臣身边。可是，使臣就像一头发疯的牛，撞到公主身上，抢走了那罐牛奶，一个人喝掉了所有牛奶。

公主感到整个心像被撕开一样，非常难受。她怎么也不会相信，使臣会这么自私。可是有什么办法呢？公主已经饿得两腿发软，连走路的力气都没有了，她靠着刚刚那棵橡树坐下，一只云雀不知从哪里飞来，一下子落在了她的手上，她的手上立刻出现了几颗新鲜的果子。云雀说："善良的公主，快吃掉它们吧，再不吃你就要饿死了。"公主实在饿坏了，便把这些果子吃掉了。

公主刚刚吃完果子，使臣便像变魔术一样出现在眼前，他笑嘻嘻地拉着公主的手说："前面的悬崖那里，有美丽的百合花，你不想去看看吗？"公主听了，什么都没有想，就跟着他一起来到了悬崖。此时，善良的公主正一步步走进危险的圈套。她哪里知道，使臣正打算抢走她身上的宝剑和围巾，这是公主全身上下仅有的一点儿财产。

就这样，他们来到了悬崖边上。突然，恶毒的使臣狠狠地推了公主一把，他想让公主永远消失在大海里，然后他一个人拿着这些宝贝，逃出这个令他讨厌至极的地方。可是，他的阴谋没有得逞，脚下的石头绊了他一跤，他失去平衡，一个趔趄坠向大海，"扑通"一声，像一个重重的铅球一样沉入海底，很快就消失得无影无踪了。

幸福终于降临

天亮了，国王和王后一觉醒来，发现宝剑和宝石围巾都不见了，就连公主也不知道去了哪里。国王吓坏了，他下令一定要找到公主。可是，侍卫搜遍了整个王国，也没有找到她。

一个大臣说："尊敬的陛下，这恐怕又是卡拉波斯仙女的阴谋，公主的诅咒并没有解除，二十岁之前，她毕竟还有磨难啊。我觉得她好像喜欢那个使臣，不过——您可能不会相信这是真的。"国王听了，一脸的不愉快，说："怎么可能？那个使臣怎么能配得上她？我的女儿绝顶聪明，她不会做傻事的！"

就在这时，一个侍女战战兢兢地跪倒在地，向国王诉说了这一切：从她们在墙壁上凿洞开始，到公主看到使臣时怎样激动不安，从公主信誓旦旦地非使臣不嫁，到最后仓皇离开皇宫，都一一说了。国王听后气得浑身发抖，王后听了之后昏了过去。国王赶紧派了几艘舰艇去追。

舰队在海上行驶了整整一天，也没有发现线索。晚上，他们在岸边发现了一个老船夫，看到一个金币从他的口袋里掉了出来。侍卫赶紧走上前去，搜查他的口袋，结果发现了里面的一百个金币，这些金币是专门为公主的婚礼定制的。那个老船夫脸色苍白，浑身哆嗦，还没等侍卫追问，便把发生的一切都说了出来。于是，舰队连夜赶往松鼠岛。

夜已经很深了，天空中泛着星星点点的光，大海上黑漆漆的，根本无法辨别方向。可是，松鼠岛上始终散发着非同寻常的亮光，那就是王后围巾上的红宝石发出的光芒，舰队循着光亮向那里开去。

此时，公主正坐在悬崖边独自伤心，现在只有她一个人面对陌生的小岛和清冷的月光，她后悔极了，好想回家啊！正当她打算想办法离开这里时，头顶上突然传来一阵嘈杂的声音。她抬头一看，天空中飞着两辆战车，一辆由天鹅和孔雀驾驶，车身闪闪发光，坐在里面的仙女光鲜耀眼；另一辆则由蝙蝠和乌鸦驾驶，里面有一个长相丑陋的小矮人，披着蛇皮，头顶上还趴着一只大癞蛤蟆。两辆战车在空中迅速撞击，竟然打了起来，一会儿发出"轰隆隆"的巨响，一会儿又发出闪电般的亮光。不久，美丽的仙女胜利了，小矮人落荒而逃。

仙女从战车上飞下来，来到公主身边，对公主说道："亲爱的公主，你还差几天就要二十岁了，所以才会遭此劫难。不过，我帮你打败了卡拉波斯仙女，你的咒语被解除了，现在，你已经安全啦！"公主听了，赶紧诚恳地感谢仙女，仙女微微一笑，转身飞走了。

这时，国王派来的舰队赶到了，他们看到公主平安无事，都松了一口气。

公主随着舰队踏上了回家的路程。舰队的汽笛声响彻天空，海风呼呼地从耳边刮过，这壮观的场面让她激动得直拍巴掌。舰队顺风行驶，很快就到达了海岸，岸边迎接的队伍奏起了悦耳的音乐，国王和王后踮起脚尖，拼命地朝她摆手。这一刻，她觉得自己是这个世界上最幸福的人！

舰队靠岸，公主欣喜若狂地从船上跑了下来，她打算拥抱国王和王后。就在她张开手臂，想飞奔过去的时候，一位英俊的王子竟然出现在他的眼前，这正是梅林王子。他在王宫中迟迟没有等来使臣的消息，便有些不安，于是亲自率领部队赶来了。

当公主见到梅林王子的时候，她真为自己的无知感到羞愧，因为梅林王子确实非同一般，而且要超过使臣百倍，他不仅英俊潇洒，而且举手投足之间都透着威武、自信，公主发自内心地喜欢上了他；而王子看到公主明亮的大眼睛一眨一眨的，也被深深地吸引了。于是，他挽着公主的手，慢慢地朝宫殿走去。

很快，街边放起了欢迎的礼炮，漫天的花瓣洋洋洒洒地落在王子和公主身上，王子和公主缓缓地走进宫殿。那里，铺着红色的地毯，金黄色的宫殿里插满了刚刚采摘的百合花，到处都弥漫着淡淡的清香。贺喜的人像浪潮一样涌入宫殿，欢呼声立刻响成一片，这注定是一场隆重的婚礼。

青蛙公主

Princess

Princess

普拉娅公主住在一座美丽的庄园里，可是邪恶的卡谢依王却把她变成了一只绿皮青蛙。眼看三年的期限就要到了，就在公主即将获得自由的时候，爱她的王子却不小心让她变成了天鹅，可怜的普拉娅公主还能找到真爱吗？

美丽公主遭遇诅咒

冰河上游有一片美丽的白桦林，那里的云雀整日整夜都在高歌，它们经常调皮地向远处那座城堡张望。那座城堡有着尖尖的塔顶，红色的城墙包围着城池。每当春天来临的时候，玫瑰花便爬满了整座庄园，娇艳的花朵多得就像满天的繁星。在花香四溢的清晨，人们就会听到一位公主的美妙歌声，这位公主就是普拉娅公主。可是，现在人们再也看不到这一切了。

就在几天前，邪恶的卡谢依王看上了这座庄园，他残忍地杀死了国王和王后，把整个庄园都霸占了。当他看到美丽的普拉娅公主的时候，整个人欣喜得发狂，他发下誓言说："我一定要占有她，让她做我的王后。"于是，他就把普拉娅公主拖上了马车。

半路上，普拉娅公主趁卡谢依王不注意，跳下马车慌忙逃走了。卡谢依王发现后大怒，念起咒语，把普拉娅变成一只绿皮青蛙，恶狠狠地扔在地上，看都不看一眼就走了。就在普拉娅公主变成绿皮青蛙掉在地上的时候，光秃秃的地上突然出现了一片池塘，里面有温和的水和成群的鱼虾。青蛙便爬向了那里，它应该算是池塘里最美丽的青蛙了，那些小鱼、小虾都吃惊地看着它，只不过它们并不知道，这可不是真正的青蛙。

就在池塘的不远处，有一座白色的城堡，那里住着一位国王，他有三个儿子。

国王渐渐老了，在一天清晨，他叫来三个王子，对他们说："亲爱的儿子们，我一想到那些可爱的乖孙子，就兴奋得睡不着觉。"

三个王子听见了，涨红了脸说："爸爸，瞧您说的，我们还没有妻子呢，哪里来的孙子啊？"

国王听了，嘴角掠过一丝微笑，他不紧不慢地站了起来，指着窗外的一片空地，对儿子们说道："这样吧，你们

梦幻童话卷 | 青蛙公主

拿着弓箭，站在那里每人射出一箭，箭落在哪里，你们未来的妻子就在哪里。"于是，王子们来到了那片空地上，他们拉起弓箭，使劲往远处射去。大儿子的箭正好落在了伯爵的宫殿里，伯爵的女儿捡起了箭；二儿子的箭落在大商人的豪宅里，商人的女儿捡起了箭；可是最小的王子伊凡的箭却不知道飞向了哪里。

不久，大王子、二王子都找回了自己的箭，可是小王子伊凡找了很久也没有找到。第一天，他穿过了整片森林；第二天，他又翻过了一座高山；第三天，他来到了一块沼泽地，在那里，他终于看到了自己的箭，于是，他欣喜若狂地走了过去。

可是，当小王子把眼前的情景看清楚的时候，惊讶得一屁股坐在了地上。因为他看到，荷叶上坐着一只青蛙，笑嘻嘻地看着他，那支箭就在它的脚下。小王子失望极了，呆呆地坐着，不肯说一句话。

那只青蛙瞪着大眼睛，看王子迟迟不肯理它，便大声地叫了起来："呱呱！呱呱！伊凡王子！我是你的新娘啊！我是你的新娘啊！"小王子没有好气地说："别做美梦了！你是只青蛙，我怎么可能跟你结婚呢？别人会笑话死我的！"可是，那只青蛙却得意地笑了："别抱怨啦！你射中了我，我就是你的新娘啊，快带我离开吧！"

王子听了，黯然失色，不再说话了。他怎么能违抗国王的旨意呢？于是他便带着这只青蛙回家去了。

不久，国王就在宫殿里举办了三场隆重的婚礼。大王子娶了伯爵的女儿，二王子娶了大商人的女儿，最小的王子伊凡只娶了一只绿色的青蛙。

王子的青蛙新娘

国王一下子有了三个儿媳妇，乐得他合不拢嘴。不过，他很想知道她们是否有真本事。

于是，他把三个儿子叫到身边，捋着胡子说："我多想吃到又香又软的面包啊，让你们的妻子连夜烤好，明天早上给我送来，我看看谁的手艺最棒！"

晚上，小王子回到家里，半天都不吭声。青蛙看见了，赶紧问他："你为什么这么忧愁啊？"小王子叹了一口气，对青蛙说："我怎么能不犯愁呢？父王吩咐了，明早之前要你烤出又香又软的面包来！"

青蛙听了，眨了眨眼睛，轻松地说道："嗨！这有什么难的？你赶紧睡觉吧，明天早上会有好结果的！"小王子半信半疑，便去睡觉了。

当王子睡熟的时候，青蛙脱下了绿色的青蛙皮，摇身一变，竟然成了一位亭亭玉立的美丽少女——普拉娅公主。只见她忙来忙去，不一会儿就烤出了松软的面包，看着就让人流口水。

第二天早上，当伊凡王子醒来的时候，发现面包烤好了，散发着诱人的香气。伊凡王子太满意了，一溜烟儿地送到了国王那里，等待国王的评价。

国王拿起大王子带来的面包，看都没看一眼。接着，他拿起二王子带来的面包，看了一眼说："这样的面包，只能拿来喂狗！"最后，他拿起伊凡王子带来的面包，使劲儿咽着口水，说道："这才是我想要的面包啊！"

可是，大王子和二王子却一点儿也不服气，国王只好又想了一个办法。他拿着一堆丝绸、金线和银线，再次把三个儿子叫到身边说道："我多想有一块又漂亮又舒服的地毯啊，快让你们的妻子连夜织好，明天早上给我送来，我看看谁的手艺最棒！"

到了晚上，伊凡王子又一声不吭地回来了，青蛙赶紧问他怎么回事，王子皱着眉头说："父王吩咐了，明早之前要你织出又漂亮又舒服的地毯来！"

青蛙听了，笑着说："嗨！这有什么难的？你赶紧睡觉吧，明天早上会有好结果的！"

第二天早上，当伊凡王子醒来的时候，丝绸地毯已经准备好了，上面织满了漂亮的花纹，而且还很柔软。伊凡王子高兴坏了，赶紧拿着地毯去国王那里。

国王拿起大王子带来的地毯，撇着嘴说："这样的地毯，只能放在马车上！"接着，他拿起二王子带来的地毯，看了一眼说："这样的地毯，只能铺在门板边。"最后，他拿起小儿子带来的地毯，连连点头称赞着："这才是我要的地毯啊！"

此时，大王子和二王子都撇了撇嘴，还是不服气。于是，国王又想出了一个主意，对他们说道："明天，宫里要举行舞会，把你们的妻子都带来，让我瞧瞧她们的舞跳得怎样！"

这天晚上，伊凡王子比以往更加闷闷不乐，他唉声叹气地对青蛙说："父王要我带上你一起参加舞会，他们看到你，肯定又要笑话我了！"

青蛙听了，沉默了一会儿，然后对王子说道："这样吧，你一个人先进去，我随后就到。要是你听到轰隆隆的响声，千万不要恐慌，就说这是我的青蛙公主来了！"王子听了，点了点头。

第二天，伊凡王子等了很久，也没有看到青蛙公主，他有些着急。就在这时，突然传来了轰隆隆的响声，周围的人听了脸都吓白了。王子赶紧告诉大家："别害怕，别害怕，这是我美丽的青蛙公主来了！"

王子的话音刚落，一辆六匹马拉着的豪华马车缓缓地朝这边驶来。从车上走下来一位美丽的少女，她就是普拉娅公主。她有着金黄色的头发，一双褐色的眼睛晶莹明亮，看起来是那么的美丽。伊凡王子轻轻地走了过去，挽起她的手，带着她走向金碧辉煌的殿堂。

不一会儿，宴会开始了，普拉娅公主拿起酒杯，喝了一口，把剩下的酒倒进左边的袖子。然后，她又轻轻地咬了一口天鹅肉，把一小块天鹅肉放进右边的袖子里，两个嫂子看见了，也偷偷地效仿。

终于，大家期待的跳舞时间到了。普拉娅公主的舞姿是那样的优雅美丽，一下子震惊了所有在场的宾客。她裙摆向左一挥，大家面前就出现了缥缈的湖边幻境；裙摆向右一舞，幻境中湖边成群的天鹅开始翩翩地飞翔。轮到哥哥们的妻子开始表演了，她们挥起左边裙摆，竟然把残酒溅洒在客人身上了；挥挥右边裙摆，又扔得碎肉满场飞扬，国王生气极了，将她们赶出了宫殿。

213

王子历险寻公主

　　舞会一直到很晚才结束，王子和普拉娅公主在一起过得很开心，王子的心里满是欢喜，从她踏出马车的那一刻起，王子便深深地爱上了她。他多么希望心爱的公主能一直陪伴在自己身旁啊。

　　舞会一结束，伊凡王子便一个人先跑了回来，他翻遍了整个屋子，终于发现了普拉娅公主的那张青蛙皮，他欣喜得简直要跳起来："太好了！把它毁掉，我的普拉娅公主就再也不会变成青蛙了！"于是，他想都没想就把它丢进了火盆，很快，它就变成了一堆灰烬。

　　普拉娅回到家中的时候，怎么也找不到那张青蛙皮，当她知道王子已经把它烧掉的时候，眼神里充满了忧伤。"我亲爱的伊凡王子啊！瞧瞧你都做了什么！你只要再等三天，我就可以变回公主。那该是多么幸福的事情啊。可是现在——"普拉娅公主说到这里，哭得更伤心了，"现在，我只能去那个遥远的地方了，那个远得根本没有人可以到达的地方。"

　　普拉娅公主话音刚落，一下子变成一只白色的天鹅，从窗子飞了出去，渐渐地飞远了。

　　伊凡王子后悔极了，多想这一切都没有发生过，可是来不及了。此时，夜已经深了，黑夜张开巨大的手臂，想去安慰王子，它同情地看着他。王子抬起头，默默地注视着那片遥远的天空，不一会儿，他取下了墙上的弓箭，悄悄地离开了王宫。

伊凡王子并不知道那个遥远的地方在哪里，不过他还是朝着那个方向走了很久，走了几天几夜，他也没有找到普拉娅公主，更没有看到一个人影。

当黑夜来临的时候，一个老爷爷意外地出现了，他亲热地跟伊凡王子打招呼："嗨！你好啊，年轻人，为什么坐在这里忧伤啊？"伊凡王子听了，就把发生的一切告诉了他。

老爷爷先是叹了一口气，然后摇了摇头，对伊凡王子说道："哦，可怜的傻孩子，你怎么能把那张青蛙皮烧掉呢？你知道吗，那张皮再过三天就会自己蜕掉了，那个卡谢依王诅咒公主做三年的青蛙，眼看着期限就要到了啊！"

尽管这样，那个老爷爷还是送给他一个线团，并告诉他："好好拿着这个线团，线团滚到哪里，你就跟到哪里。"说完，就不见了。

伊凡王子听了，便拿起那个线团出发了。那个线团不停地向前滚着，他就在后面紧紧地跟着。

不久，伊凡王子遇到了一只黑熊，那只熊张开嘴巴，迈着沉重的步子向他走来。伊凡王子拿起手中的箭，想要射死它。突然，那只熊却瞪大了眼睛，两只大熊掌不停地摆动着，冲他喊着："伊凡王子，别杀我！我会随时为你效劳的！"伊凡王子听了，觉得很纳闷，不过善良的他还是放过了这只黑熊，继续朝森林方向走去。

就在这时，一团黑乎乎的东西飞过伊凡王子的头顶，还发出可怕的尖叫声，伊凡王子害怕极了，他拿起弓箭，对准了它。可是没想到，那竟然是一只野鸭，它恐慌地看着伊凡王子，使劲拍着翅膀，大声地叫着："伊凡王子，别杀我！我会随时为你效劳的！"伊凡王子听见了，也放过了这只野鸭，继续向前走去。

没走多远，伊凡王子有些饿了，他正好发现一只野兔向这边跑来，于是，他又把弓箭对准了它。可是，那只野兔竖起大耳朵，咧开三瓣嘴，说："伊凡王子，别杀我！我会随时为你效劳的！"伊凡王子下不了狠心，于是放过了它。

又过了一天，他来到了一片蔚蓝的大海边，沙滩上有一条狗鱼，拼命地向他摇着尾巴，那只狗鱼喝不到水，眼看就要渴死了，它喘着粗气恳求王子："好心的王子，求你帮帮我，赶快把我扔到大海去吧！"王子听了，赶紧把这条奄奄一息的狗鱼扔进大海，它得救了，摇着尾巴转身游走了！

就这样，那个线团拼命地滚着，滚到了一片大森林里，在一座长着脚的木头房子面前突然停下，不动了。

伊凡王子觉得非常奇怪，对那座房子说："房子啊，房子，你快快转过脸对着我吧！"

突然，那座房子转了个圈，转向了伊凡王子。那座房子里面，好像还有一丝光亮，伊凡王子对着房子喊了几声，但是没有人回答，于是他便壮着胆子走了进去。

公主重获自由

伊凡王子刚刚走进屋子，突然一个声音响了起来："年轻人！你怎么跑到这里来了？"说话的是一个满嘴尖牙的老婆婆，瘪着嘴巴，看起来有些可怕。

伊凡王子看了老婆婆一眼，先是愣了一下。不过，他已经走了很多天了，肚子里早就空空的了。他便对尖牙婆婆说："好心的婆婆，请您给我点儿水喝，当然，最好有些吃的。对了，我还想洗个热水澡。但愿——我的这些要求并不过分。"

尖牙婆婆听了，笑着答应了，她从橱柜里拿出一大桶酸奶、果酱，又端来刚刚烤好的奶油面包，伊凡王子狼吞虎咽地吃了起来，一会儿就吃饱了。吃过饭，他又痛痛快快地洗了个热水澡，现在，他感觉舒服多了！

伊凡王子来到尖牙婆婆面前，向她打听妻子的下落。

尖牙婆婆听了，脸色突然变得很凝重："哦，这个我知道，我知道。不过，她现在已经在邪恶的卡谢依王那里了。你要找到她很难，因为你首先要战胜卡谢依王！"

217

伊凡王子听了，眼里闪着希望的光芒："哦，是吗？我该怎样战胜他呢？"

尖牙婆婆若有所思地看了一眼窗外，继续对他说道："战胜他只需要一根银针。"

"哦，银针？"听到这里，伊凡打断了尖牙婆婆的话，迫不及待地问道，"那根银针在哪里呢？"

尖牙婆婆停了停，继续回答："那根银针呀，其实就藏在一枚蛋里，蛋在野鸭身上，野鸭在兔子的身体里，兔子就藏在一个石头箱子里，石头箱子呢，就在一棵高高的橡树上。而这棵树呢，就在卡谢依王眼皮底下，他像爱护自己的眼睛一样看重它！只要把银针折断，就能战胜卡谢依王。"

听到这里，伊凡王子浑身顿时充满了力量，他发誓一定要找到那根银针。

第二天一早，尖牙婆婆就告诉了他那棵树的位置。然后，他便告别了尖牙婆婆，朝着那棵大树走去。

当太阳爬到半空的时候，伊凡王子来到了那棵巨大的橡树前。橡树足足有几十个人那么高，好像一直能钻到云层中去。高高的树枝上挂着一个很大的石头箱子，可是要够到它，简直比登天还难。而不远处，卡谢依王轻易就能看见他。

看到这些，伊凡王子并不惧怕，他想趁着卡谢依王打盹的时候，爬到那棵高大的橡树上去。可是，巨大的橡树表面又光又滑，他刚刚爬到树枝上，就重重地摔了下来。

就在他屡屡失败、垂头丧气的时候，那只笨头笨脑的黑熊出现了，它晃着笨重的身体走到橡树前，使出全身的力气拼命地摇晃大树。不一会儿，那个石头箱子便从树上落了下来，

掉在地上摔破了。

突然，箱子里蹦出了一只野兔，它竖着大耳朵，蹦蹦跳跳地向远处跑去。不知道从哪里又跑来一只灰兔子，紧紧地跟着那只野兔，一会儿工夫就追上了它，用爪子把它的肚子撕开了。

就在这时，一只野鸭从野兔被撕开的肚子里飞了出来，一下子飞向了高高的天空。可是，另一只呆头呆脑的鸭子不知从哪里飞来，一下子撞到了野鸭的肚子上，野鸭的肚子上顿时光芒四射，一个金黄色的蛋掉了下来。

伊凡王子担心极了，那枚蛋万一砸碎了，可怎么办呢？他赶紧跑向前去，想接住它。奇怪的是，那枚蛋在空中打了几个转，然后转了个方向，一下子落在了蔚蓝色的大海里，瞬间便沉了进去……

这时，伊凡王子绝望了，蛋落入了无边无际的大海中，无论如何也找不到了啊。就在他伤心地落泪时，那只被他救了的狗鱼衔着那枚蛋游了过来，把它送到了伊凡王子的手中。

伊凡王子赶紧接住了蛋，把它敲碎，里面真的有一根亮闪闪的银针。他取出这根银针，使劲把它折断。就在这时，卡谢依王发出一声惨叫，他的身体慢慢枯萎，化成了一缕阳光。这缕阳光就摇曳在不远处的冰山上，冰山一角飞出一只美丽的天鹅，她慢慢地变成了一个美丽的姑娘。

那正是普拉娅公主，她终于获得了自由。她的眼中都是幸福的泪水，飞快地朝伊凡王子跑来。伊凡王子张开双臂，幸福地迎接她，就这样，他们紧紧地拥抱在一起。他们手拉着手，回到了公主的庄园，在那里开始了幸福的生活。从此，那里总是飘着玫瑰花瓣的香气，人们又看到了美丽的玫瑰庄园，据说那里的玫瑰花比世界上任何地方的都要娇艳呢！

第四篇 宽容仁爱篇

公主与青蛙王子

Princess

Princess

很久以前，国王让他美丽的公主与一只长相丑陋的青蛙做朋友，公主不情愿地答应了。可是她根本不喜欢那只青蛙，愤怒之下，公主竟然把它狠狠地摔在了墙上，没想到却出现了更加令人意外的情况……

公主的承诺

在杜果森林的尽头，有一个四季如春的迷你王国。国王有一位美丽无比的公主，就连见识广博的太阳，也从没见过这么美丽的公主。公主无聊的时候，喜欢将她最心爱的玩具金球抛向空中，然后再用手接住。

有一天，公主跑进宫殿附近的一片黑森林里，又玩起了她的小金球，骨碌碌，金球落到地上，滚进了深不见底的水井里。

"噢，天哪！这可怎么办？"公主看见金球不见了，急得大哭起来，而且越哭越伤心，哭声也越来越大了。

"公主，你为什么哭得这么伤心啊？连石头感动得都要哭了。"一个陌生的声音，在公主身边响起。

公主四下望了望，想知道声音是从哪儿传来的。可是，除了井口探出的一只肥大难看的青蛙头以外，什么也没有。

"谁在说话呀？"公主满脸挂着伤心的泪水，她多想有人帮她把金球从井里拿出来啊！

"呱——呱——是我，公主。"青蛙叫了两声，告诉公主是它在说话。

"哦，是你呀，可爱的小青蛙，你能帮我把玩具金球捞上来吗？"公主像是看到了救星。

"那你用什么来答谢我呢？"青蛙趴在井边，用一只胖乎乎的手爪托着下巴，两只鼓鼓的大眼睛满含深情地看着公主。

"我可以用我最漂亮的衣服、世界上最珍贵奇特的珍珠和宝石，还有我头顶上的金冠来答谢你，随便哪一样，只要你喜欢，尽管拿去好啦！"她怕青蛙不答应，说了一连串的好东西。

"这些我都不想要，如果你真喜欢我，就让我做你的小伙伴吧，跟你一起玩儿，和你一起坐在小桌旁，用你的小金盘子一起吃饭，用你的小杯子一起喝酒，与你在小床上一起睡觉。要是你答应的话，我就下去帮你把金球捞上来。"青蛙一口气说出了自己的愿望。

"好吧，只要你能把金球给我拿上来，什么条件我都答应你。"公主连忙敷衍青蛙。她才不管它说什么，只要能拿回自己的宝贝玩具，让她做什么都可以。不过，话又说回来了，公主还是觉得这只傻青蛙的话可真多，它呀，只配在水里和其他青蛙一起呱呱乱叫，怎么能和人做朋友呢，更何况还是和一位公主！

青蛙听了公主的承诺，钻进水井里，不一会儿，就浮出了水面，把球扔到草地上。公主重新看到了她心爱的玩具，甭提有多高兴啦。她捡起金球，开心地连蹦带跳，然后迅速跑开了。

"公主，等等我，把我带上，我可没你跑得那么快哦！"青蛙在公主身后大声喊着。高高的草丛，让它跳起来很费劲儿，它只有跳起来，才能看清前面的方向。可是公主像是什么也没听见，急匆匆跑回家了。

青蛙变王子

第二天，金碧辉煌的宫殿里，公主正在与父王和大臣们一起用餐。这时，门外大理石的台阶上，突然响起了"啪嗒、啪嗒"走路的声音。

嘭嘭嘭——伴随着敲门声，门外传进来一句话："公主，给我开开门啊！"

会是谁呢？公主跑过去一看，原来是那只青蛙，她吓得赶紧把门关上，神色慌张地坐回桌边。

"孩子，是谁把你吓成这样啊？莫非门外站着一个巨人？"国王看到女儿慌慌张张，想知道出了什么事。

"哦，不，是一只讨厌的丑青蛙！"公主结结巴巴地说。

"青蛙找你干什么呢？"国王不解地问。

公主便把昨天青蛙帮她找金球的事讲了一遍。这时，门外又响起青蛙的敲门声。

"公主，给我开开门啊，你不记得昨天在水井边向我说的话了吗？公主，快给我开开门啊！"

国王听明白了是怎么回事，就对公主说："孩子啊，你答应了什么，就应该照着去办。想想看，如果别人答应了你，而没有信守诺言，你会高兴吗？诚信是一件最美的外套，它是开在心灵深处最圣洁的一朵鲜花啊！"国王轻抚着宝贝女儿的肩膀，耐心地开导她。

公主的脸红了，把头垂得低低的，于是，她走过去给青蛙开了门。青蛙跳进屋里，跟在公主身后，一蹦一跳地就到了她的椅子边。

"公主，把我抱起来啊，坐在你的椅子上。"青蛙蹲在地上叫着说。公主装作没听见，故意拖延时间，直到国王叫她，她才不情愿地把青蛙拿起来。

"公主，把我抱起来啊，坐在你的桌子上。"青蛙一到椅子上，就要求到桌子上。公主没办法，又把青蛙拿起来。

"公主，把你的金盘子向我这边推推呀，咱们好一起吃啊！"公主很不情愿地将小盘子向青蛙推了推。青蛙终于吃到香甜可口的美味啦，它津津有味地吃了起来，而公主却一口也咽不下去。

"我吃饱啦！"青蛙抚摸着鼓起的白肚皮，又伸了伸胳膊，打着哈欠，接着说，"啊——我有点儿累了，公主，把我带到你的房间里，在你的小床上铺好带有太阳味道的丝绸被，让我们一起睡觉吧。"

公主吓得哭起来，她讨厌那只冷冰冰的青蛙，连摸都不想摸一下，又怎么同它一起睡在自己漂亮、整洁的小床上呢！

"孩子啊，它在你困难的时候帮了你，你就不应该瞧不起它！"国王有些生气了。

公主没办法，伸出两根手指头，捏着青蛙的一条腿就上楼了，她把青蛙放在卧室的墙角里，自己则躺到了松软的小床上。

　　"公主，把我放到床上去啊，我现在很累了，想和你一样舒舒服服地躺在天鹅绒的小床上睡觉。不然，我就要告诉你的父王！"

　　"你这只讨厌的青蛙，给我老老实实地待会儿！"公主非常生气，再也忍不住了，她提起青蛙，使劲儿地朝墙上甩去。

　　"啊——"公主惊叫起来，慌得目瞪口呆。

　　原来，就在青蛙落地的一刹那，它变成了一位英俊潇洒的美丽王子。他头戴王冠，腰上配着镶有钻石玛瑙的宝剑，一双温和友善的大眼睛放着光彩。

　　"美丽的公主殿下，我原本是啦啦国的小王子，不幸被一位邪恶的巫婆施了魔法，变成了一只青蛙，除了公主，再没有别人能把我从深水井里救出来。"王子恢复了原形，他把变成青蛙的经过——讲给公主听。

　　公主做梦也没想到，青蛙原来是被施了魔法的王子，她为自己刚才的行为感到内疚，请王子原谅她。王子对公主的行为没有任何怨言，相反还对她倍加感激，因为是公主把他从魔法中解救出来，帮他恢复了自由。

　　"亲爱的公主，请嫁给我吧！"王子跪在地上，吻着公主的手，向她求婚。

　　公主从王子恢复原形的那一刻起，就喜欢上他了。而王子自从在水井旁见到公主后，就深深地爱上了她，他请公主第二天到他的王国去。

　　按照国王的意愿，王子成了公主的未婚夫。

　　第二天早上，当初升的太阳唤醒王子和公主的时候，门外驶来一辆八匹白马拉的车，每匹白马的头上都插着五彩极乐鸟的漂亮羽毛，马身上套着镶有彩虹钻石的宝鞍，车上挂着流苏的金线，华美的顶棚放着奇异的光彩，那是王子的贴身随从驾着马车来接他的主人和王妃来啦。

　　后来，听说王子和公主一直幸福地生活在一起。

蜜蜂公主

Princess

Princess

　　美丽的蜜蜂公主和乔治哥哥到一片大湖中探险，没想到哥哥被水妖抓走了，受重伤的蜜蜂公主也被抬到了石山里的矮人国。善良的洛克王对蜜蜂公主百般呵护，可是蜜蜂公主却想回到山外，跟她深爱着的乔治哥哥在一起。她能成功吗？让我们认真地读下去吧。

蜜蜂去探险

白色王国没有国王，王后的丈夫在一次战斗中英勇牺牲了，没想到死神再一次降临王宫，王后临终前将儿子乔治托付给她的好朋友克拉丽德王后抚养，克拉丽德王后对乔治像对待自己的亲生女儿蜜蜂一样百般疼爱，乔治和蜜蜂也像亲兄妹一样，感情无比深厚。

一天，王后带着乔治和蜜蜂到教堂去做弥撒。路上，他们看到远处有一片波光闪闪的大湖，乔治不知道那是什么，惊讶地大叫起来："看，好一块大盾牌！"

"不，是一枚月亮大的纽扣。"蜜蜂猜道。

"我的孩子们，那既不是盾牌，也不是纽扣，而是一片波光闪闪的湖泊。不过，你们可千万不要过去，因为湖里有捉人的水妖。"

王后的话深深地印在了两个孩子的脑海里。没过多久，他俩趁王后不在的时候，偷偷跑到克拉丽德城堡最高的塔楼上，在那里可以看到城堡外面的世界。

"我们看到整个地球啦！"乔治高兴地叫起来。

"我们站在世界中心啦！"蜜蜂开心地叫起来。

"地球这么大，我们可以去探险，等我长大了，我就要去征服世界上最远最高的大山，到天上去把月亮摘下来，送给你——蜜蜂。"乔治说。

"为什么要等到长大，我们现在就可以去探险，到那片神秘的大湖去。"蜜蜂提议。

"王后一定不会让我们自己去的，那儿离这儿这么远，如果真有水妖住在那儿，就太危险了。"乔治说。

"虽然我没有说过要去征服世界上最远最高的大山、要去天上摘月亮，但我可以去探险！"蜜蜂听了乔治的话，有些瞧不起他，"既然你不想去，那你就一个人待在城堡吧，我真该把我的那些布娃娃留给你！"

乔治被蜜蜂的话刺伤了："去就去！"

第二天吃完饭后，乔治拉着蜜蜂的手，沿着城堡的暗道出了城，两人踏上了探险之路，他们怕被人认出来，只沿着小路走。他们走啊走，一直走了很久，蜜蜂的脚走得疼极了。

"哥哥，我渴了。"蜜蜂口干舌燥。

"我也渴，我们忍一忍吧，太阳太大了，把小河里的水都晒干了。"乔治后悔出来的时候没带点儿水。

这时，来了一个卖樱桃的，他们买了些樱桃，边走边吃。乔治把好看的樱桃挑出来给妹妹做了一对漂亮的耳环，看着戴着果子耳环的妹妹，乔治开心地笑了。

"啊——"一块小石头划伤了蜜蜂的脚，她疼得跛着脚走了好长时间，"哥哥，我的鞋掉了。"直到这时，她才发现脚上的鞋不知道什么时候掉了。

乔治扶她在路边坐下，帮她把鞋子捡回来穿好。蜜蜂回头望了望消失在身后的克拉丽德城堡，心里有一种说不出的感觉，鼻子一酸，眼泪竟流了出来。

"天一黑，狼就会出来把我们吃掉，"蜜蜂说，"如果妈妈以后再也看不到我们，她会

多伤心啊。"

"我们会在城堡敲晚钟的时候赶回去的。"乔治安慰蜜蜂。

这时，不知从哪儿传来一阵歌声，乔治眼前一亮，高兴地大叫起来："瞧，大湖！"可是他们围着大湖外面的林子转了好几圈，也没找到通往里面的入口。

突然，一位披着羊皮的放鹅姑娘出现了，乔治问她怎么才能走到湖畔，她说："那里有水妖，你们不能去！"可是乔治执意追问，她拗不过乔治，便把通往湖畔的小路指给他俩。放鹅姑娘刚走，便来了一队骑兵，原来那是王后派来寻找他们的队伍。

两个小冒险家沿着树丛中的羊肠小道往里走。终于，他们到了湖边，湖面平静而秀丽，周围更是一片静谧，轻盈的芦苇随风摇曳，湖中小岛形成了一个迷你王国，花儿飘香，叶儿摇曳。

两个孩子被眼前的美景迷住了，他们忘记了一路辛苦，谁也没注意到，一只青蛙从岸上"扑通"一声钻进湖里，原来它是水妖派来的哨兵。

"好美的景色啊！"蜜蜂看够了风景，这才觉得脚痛，再加上饥饿，她想回家了。

"妹妹，你先坐下歇会儿，让我用树叶敷敷你的脚，这样你的脚就会舒服些。"乔治安顿好妹妹，在路边摘来很多野桑葚给蜜蜂吃，"妹妹，把你的手绢给我，我再去给你摘些榛子来吃。"乔治说完就在柳树下面为蜜蜂铺了一张草床，匆匆走了。

朦胧中，蜜蜂看到一个小矮人骑着一只乌鸦从空中飞过，她以为是在梦中，很快便睡着了。等乔治采回榛果后，他看到蜜蜂睡着了，不愿叫醒她，就把果子放在她身边，自己远远地坐在湖边。

忽然，从水中伸出一个人头，乔治猛地认出那是水妖，他撒腿就跑，可是水妖却死死地拽住他，很快就把他拖入水里。

矮人国的"俘虏"

乔治被水妖抓走后，蜜蜂还在沉睡。这时，刚才骑乌鸦的小矮人领来一大群小矮人，他们个子矮矮的，个个都像小老头，花白胡子一直垂到膝盖，腰间系着围裙，还别着锤子，走起路来一蹦一跳的，还翻着跟头。

小矮人们很快向熟睡的蜜蜂围了过来，他们议论开了。

"世界上最美的公主竟然睡在湖边，这下你们该相信我了吧！"刚才骑乌鸦的小矮人说。

"你说的太对啦，我们该怎么对待这位美丽的公主呢？"有人问。

"我看扎个大笼子，先把她关起来。"

"她又不是野兽，为什么要关在笼子里呢？"

"我们应该先叫醒她，要知道她自己是不会醒来的。"

大家一致赞同最后一个矮人的意见，因为他很公正。当蜜蜂被叫醒的时候，她看到周围有好多小矮人，还以为自己在做梦呢！等确信眼前的一切都是真的时，她吓得大叫起来："乔治！乔治哥哥！"

小矮人们不知道谁是乔治，没办法告诉她，蜜蜂一边叫着妈妈和哥哥，一边哭个不停。

"漂亮的小姑娘，你别哭啊，哭肿了眼睛可不好看哦，告诉我们，你是怎么来到这儿的，想想来时的经历，里面一定充满了乐趣，讲出来让我们也高兴高兴。"有个小矮人过来安慰蜜蜂说。

可是蜜蜂根本不听他说什么，撒腿就跑，要不是脚痛摔倒了，她才不会停下来呢。其中一个小矮人见她摔倒了，赶紧过来扶她，蜜蜂见他们没有恶意，就说："你们就是难看点，不过，这没什么，我现在饿了，能给我弄点儿吃的吗？"

骑乌鸦的小矮人去拿吃的了，还有几个小矮人很不高兴，他们嫌蜜蜂说他们难看，其中一个笑着说："小姑娘，你要是了解我们，就不会觉得我们难看了。"

吃的弄回来了，蜜蜂饿不了，就毫不客气地吃起来。她边吃边说："我叫蜜蜂，和我哥哥乔治一起来这里探险，可是我哥哥不见了，你们能帮我找到他吗？我们好一起回克拉丽德城堡。"

"小姑娘，你的脚怎么能再走路呢？再说了，你哥哥比你大，他一个人会找回城堡的。"一个小矮人说。

"是啊，不如我们做一副担架，把你抬到石山里去见见我们的国王。"另一个小矮人说。

大家都赞成这个小矮人的话，蜜蜂的脚痛得厉害，简直寸步难行，就同意跟他们去了。很快一副担架就做好了，他们抬着蜜蜂一溜烟儿地向石山里跑去。

"洛克王，我们在林子里找到一位美丽的姑娘，她叫蜜蜂。"跑在队伍前面的小矮人前

来向矮人国的国王报告。

"快带我去见见！"洛克王说着，看见矮人们把蜜蜂抬来了。他两眼一亮，说："美丽的姑娘，欢迎你！你到了我们这里，就是我们矮人国的成员了，你想要什么就能得到什么。我们这儿有世界上最好的东西。"

"我只想要一双鞋。"蜜蜂想穿上鞋，找到她的乔治哥哥一起回家。

"我们这儿有世界一流的鞋匠师傅。"洛克王说完，就吩咐鞋匠去库房领一块质地最好的皮子，用一块世上最好的金线织的布，配上世上最美的珍珠，做一双适合蜜蜂穿的鞋。

"谢谢你，洛克王，我只想快点穿上鞋，这样我就可以回家了。"蜜蜂说。

"我们给你一双鞋，可不是为了让你回家的，而是让你留在这里散步用的。按照我们的规矩，你一来到这儿，就不能再出去了，小矮人可比山外那些大人好多啦，我们不会打打杀杀，斗来斗去，能受到我们的款待是你的福分。"

"我不要这样的福分，我宁愿要一双草鞋穿着回家。让我走吧，我会报答你的。"

"算了吧，你一到地面上，就会把我忘掉的。"

"洛克王，请你相信，我一定会像喜欢我的马一样喜欢你的。"

"你对马都那么好，就一定会喜欢我的。"洛克王见蜜蜂对一匹马都那么好，可见她是个有爱心的姑娘，心中便更加喜欢蜜蜂了，暗自想，如果蜜蜂长大了，能娶到她做妻子，那该多好啊！

233

"如果你不让我去看妈妈和乔治哥哥，我是不会喜欢你的，不仅不喜欢你，我还会恨你，小洛克王！"

洛克王一听生气了，蜜蜂害怕失去离开这里的机会，忙拉了拉他的衣角，温柔地说："我们和好吧，不要再生气了。"

"你说得对。但我们得照章办事啊，这是矮人国的规定。不过，我可以让你给妈妈托一个梦，告诉她你在我们这儿生活得很好，让她放心。"

蜜蜂一听，心想也只能这样了。从那以后，每天晚上，她们母女俩都能在梦里会面。

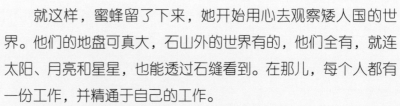

蜜蜂在矮人国里

就这样，蜜蜂留了下来，她开始用心去观察矮人国的世界。他们的地盘可真大，石山外的世界有的，他们全有，就连太阳、月亮和星星，也能透过石缝看到。在那儿，每个人都有一份工作，并精通于自己的工作。

洛克王在紧挨着宫殿的地方为蜜蜂安了一个家，房内装着白色的窗纱，木家具散发着淡淡的清香，从石缝里，白天可以见到阳光，晚上可以看到月亮和星星。矮人们对蜜蜂百般疼爱，为她做了各式各样的玩具娃娃，还给她讲故事，教她学习各种乐器。矮人国的小矮人们几乎把所有的爱都倾注在蜜蜂一个人身上，尤其是洛克王。

日子一天天过去，蜜蜂开心地与小矮人们生活在一起，有时她也会想起外面的一切。就这样，一晃六年过去了，蜜蜂也由一个小姑娘长成了一个亭亭玉立的大姑娘了。

235

有一天，洛克王带着蜜蜂来到一个金碧辉煌的大厅里，那里贮存着洛克王的所有财产，夺目的彩光就是从一块块金子、一颗颗珍珠、一串串玛瑙、一个个闪耀的宝石上发出来的。

"你看，蜜蜂，今天我带你来我的宝库，你喜欢什么就可以选什么。"洛克王说着打开了一箱金子，那里面全是由纯金打造的各种器具。

"小洛克王，我想回到外面去。"蜜蜂看了一下屋顶，心中十分向往石山外面的世界。

"还有这些。"洛克王没有理会蜜蜂的话，又打开了一箱宝石，里面同样装满了五颜六色的各种宝石，那种光芒把天空与海洋中的赤橙黄绿青蓝紫交汇在了一起，"你随便挑吧。"

"小洛克王，这些宝石很美，可我更喜欢克拉丽德城堡石屋上的阳光。"

洛克王又打开了第三只箱子，那里面装的是各种水晶石，还有各种颜色的琥珀。"蜜蜂，这些稀有珠宝，我是真心送给你的，你可以随便挑选你喜欢的。"

"小洛克王，如果非要我选择，我宁愿把琥珀里的小虫子放走。我虽然出不去，但至少我能看着它们飞走。"

"这么多珠宝都不能打动你的心，那么请你务必接受这个礼物，"洛克王拿出一顶金冠，亲手戴在蜜蜂的头上，"这表示我们对你的崇敬，从现在起，你就是我们矮人国的公主了。"

小矮人们欢天喜地地为蜜蜂举行了一个盛大的加冕典礼，大家都在为蜜蜂欢庆，只有洛克王一人闷闷不乐，他温和的脸突然变得严肃起来，问："克拉丽德的蜜蜂，矮人国的公主，请允许我向你提一个请求，你可以拒绝，但你必须说实话。请问，你愿意做我的妻子吗？"

蜜蜂亲切地摸着洛克王的大胡子说："小洛克王，我爱你，但这种爱是一种欣赏的爱，而不是妻子对丈夫的爱。我也爱弗朗科叔叔，他是一个马仆，如果没有他的灰头发和红鼻子，我相信他也是一个美男子。"

洛克王听了蜜蜂的话，伤心地流下了眼泪。蜜蜂虽然戴上了金冠，却越来越不开心了。以前，好心的小矮人们见了她总是叫她"我们的蜜蜂"，他们还在蜜蜂的膝盖上跳舞，大家无拘无束。现在不同了，蜜蜂成了矮人国的公主了，小矮人们再见到她的时候，都对她毕恭毕敬，蜜蜂不再像以前那么自由自在了，她开始后悔当矮人国的公主。

有一天，蜜蜂拉着洛克王的手散步，蜜蜂对他说："小洛克王，你是国王，你爱我，我很荣幸，可我觉得很苦恼。"

"克拉丽德的蜜蜂，矮人国的公主，我是真心爱你的，所以我才把你留下来，我把所有的秘密都展示给你看，就是为了让你更多地了解我们。恕我直言，石山外面的那些大人们，远比不上这里的小矮人聪明博学。"

"可我更想念他们，如果你不想让我因相思而死去，就快放我回去见妈妈吧。"

"跟我来！"洛克王把蜜蜂领出了石山世界，蜜蜂高兴极了，她又重新看到了花草树木和高山、河流，呼吸到了新鲜空气。

"你就要看到妈妈了，不过千万别去摸她，也不要跟她说话，否则魔力就会失去效果，从此以后你就再也见不到你妈妈了。"洛克王叮嘱蜜蜂。

果然，蜜蜂看到了熟悉的城堡，妈妈消瘦多了，她从梦中惊醒了，看到蜜蜂大声惊叫起来："我的心肝，你终于回来了！"妈妈伸开双臂就要拥抱她，蜜蜂哭着，扑向妈妈的怀抱。这时洛克王果断地把蜜蜂拉开，像风一样，把她带回了矮人国。

善良的矮人国国王

蜜蜂从外面的世界回来后，在矮人国里更不安心了，她变得爱哭起来，因为她想念外面的一切，还有她许久没见过面的乔治哥哥。她一哭，小矮人们就变着法儿逗她开心，为她表演，给她翻跟头。

一天，大伙又看到蜜蜂在哭，他们和洛克王一起拉着蜜蜂的裙边，问她："我们的公主，你为什么总是流眼泪啊？"

蜜蜂终于忍不住了，痛痛快快地说起来："小洛克王，我亲爱的小矮人们，你们越是对我好，我心里越难受。可你们哪里知道我的心思啊？我是多么想念乔治啊，我们已经很久没见面了，我爱他，想现在就嫁给他。"

洛克王听到蜜蜂的话，赶紧抽回了紧握着蜜蜂的手，生气地说："你在宴会上不是说谁都不爱吗？"

"可是今天，不知为什么我非常想念乔治，想跟他结婚。"蜜蜂伤心地哭起来。

洛克王看到蜜蜂伤心，他也痛苦极了。"她在恋爱，但爱的却不是我！我那么博学富有，却不如一个乔治。"想到这儿，洛克王独自一人离开了，他怕自己烦躁起来，再说出难听的话伤着蜜蜂，他感到绝望，嫉妒之火把他烧得全身酸痛难熬。

洛克王太爱蜜蜂了，他决定前去打听乔治的下落。最后，他去请教矮人国最有学问的奴尔："奴尔，你听说有个叫乔治的年轻人吗？"

"洛克王，我来给你看看。"奴尔说完拿起一架望远镜，它可不是普通的望远镜，它能透过一切城墙和岩石，看到外面的世界，还能分毫不差地反映出以前所发生的一切事。对奴尔来说，寻找乔治太容易了，他用了不到一分钟的时间，就找到了乔治的下落。"洛克王，你要找的那个乔治在水妖国，他被关在一间水晶囚牢里，这个水晶囚牢刚好紧挨着我们矮人国。"

"太好啦！"洛克王高兴地大声说，"你再帮我看看，他在水妖国里干什么？"

奴尔把望远镜又重新调整了一下，让洛克王看乔治当时被水妖抓走时的情景，他还清楚地看到乔治母亲死后，乔治与蜜蜂相亲相伴的情景，当乔治被水妖拖下水的时候，乔治喘不过气来，后来等他到了水下世界，才恢复了正常。女妖们天天教乔治唱歌跳舞，跟他做游戏。

一晃好几年过去了，如今，乔治已经长成一个

英俊的男子汉了。一天，他对水妖女王说："尊敬的女王，我离家已经这么多年了，我想回到克拉丽德城堡去。"

"不行，我把你留在这里，是想让你一辈子都陪着我。"水妖女王断然拒绝了乔治的请求。

"女王，你不知道，我只爱克拉丽德城堡的蜜蜂公主，除了她，我不会爱上别的女人。"

女王气得脸色苍白，把乔治关进了水妖国城堡最底层的一间水晶囚牢里。巧得很，这间牢房下面，刚好挨着矮人国最荒凉的一处山洞的顶端。

洛克王了解了这一切后，他为了心爱的蜜蜂，决定将乔治救出水妖国。

神秘的魔戒

　　洛克王独自来到他的宝库，找出一枚魔戒戴在手上，它是用一块有魔力的宝石做成的，在紧急关头，它会帮助主人发挥魔力。洛克王拿着宝剑出发了，他穿过长长的石廊，翻过一座座悬崖，蹚过一条条江河，穿过一道道险滩和激流，所到之处，无不阴森恐怖。终于，他到了关押乔治的那个水晶囚牢，他把魔戒朝石头上轻轻一触，牢房的门就打开了，乔治很快被救了出来。

　　"大头怪，你想做什么？"乔治看到洛克王，以为他要来害自己。

　　"孩子，你不知道你这话多伤我的心啊，我是来救你出去的。"洛克王和蔼地对他说，"如果你想回到地面上去，最好跟着我。"

　　"你真是一个好心的小矮人，我永远都不会忘记你的恩情。"乔治紧跟着洛克王。"请问，你认识克拉丽德城堡的蜜蜂公主吗？"乔治忽然问。

　　洛克王的脸色立刻变了，故意避开乔治的提问："年轻的王子，我只能送你到这里了，离开水妖国还有一段很辛苦的路，你受得了吗？"

　　"奔向自由的路总是美好的，美好的东西总是来之不易的。我不怕辛苦！"

　　很快，乔治就回到了地面，他忘记了疲劳，迫不及待地冲向克拉丽德城堡。当王后看到乔治平安地回来时，激动地将他紧紧搂在怀里。王后告诉乔治，蜜蜂托梦来告诉她，她在矮人国生活的情况，克拉丽德王国里所有的人都相信蜜蜂是被矮人抢走了，王后也深信不疑。

　　等乔治查清事实的真相后，就带着弗朗科一同前往矮人国去了，因为弗朗科非常清楚矮人国该怎么走。他们穿过密林，来到一座古老的城堡跟前，乔治用宝剑使劲刺城堡的大门。

　　突然，从城堡的一扇窗户里探出一个长胡子的小矮人，乔治一见，就大骂起来："你们这群地洞里的老鼠，我的蜜蜂被你们抓起来了，如果你们今天不把她放出来，我就将这里踏平！"乔治年轻气盛，在门口继续叫骂："你们这群在地下见不到阳光的小老鼠、死耗子，快给我打开大门，不然我把你们的耳朵全剁下来……"

　　乔治的话还没说完，只见大门被打开了，他看到了救他的小矮人。"我的恩人，你怎么在这里，难道你跟他们是一伙儿的吗？"

　　"我是洛克王，我们收留了蜜蜂，告诉她矮人国的秘密，我马上叫她出来，问她愿不愿意跟你走，如果她不愿意走，这里将永远是她的家。"

　　当蜜蜂看到乔治的时候，一下就扑进他的怀里。洛克王心里很不是滋味，但他知道眼前这位英俊的王子就是蜜蜂想嫁的人，想到这里，他忍不住流下了眼泪，最后终于同意蜜蜂跟

239

随乔治回到外面的世界去。

　　"孩子们，爱一个人不只是为了得到她，伟大的爱情是需要人们知道怎么去相爱的，忍耐、宽容和理解才是爱情中的精髓。"洛克王说，"蜜蜂来到矮人国整整七年，按照我国的法律，凡是被我国收养的外国姑娘，七年之后就可以获得自由。乔治，你可以带走她。不过，蜜蜂，请一定要拿上这枚戒指，它就是打开水妖牢房的魔戒，只要你戴上它，你和你的丈夫就能随时来到矮人国。我们随时欢迎你们！"洛克王说着，深情地替蜜蜂戴上了魔戒。

蔷薇花公主

Princess

Princess

美丽的蔷薇花公主遭到了王后的嫉妒，被囚禁在一座神秘的高墙内，后来，水仙花王子发现了公主，并深深地爱上了她。就在他们彼此深爱着对方的时候，一位粗野的巫师出现了，他竟然想霸占公主为妻！随后，一场王子与巫师之间的斗争展开了。正义与邪恶之间，谁是最终的胜利者？

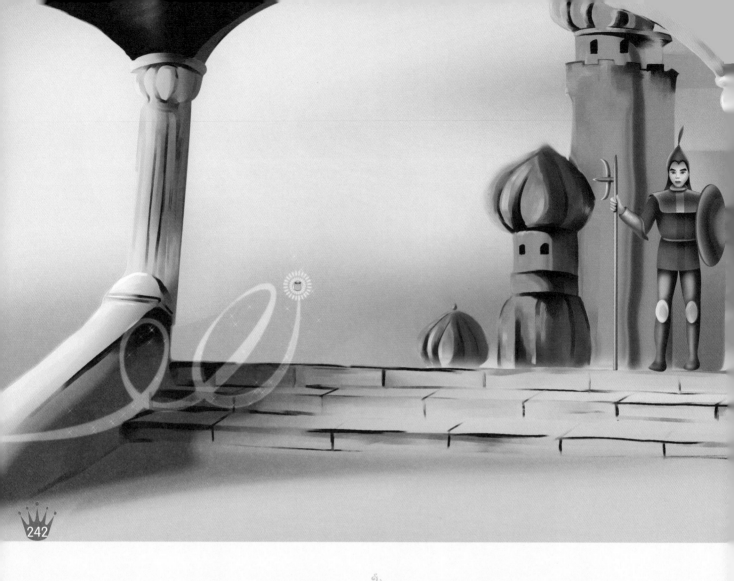

高墙内囚禁的公主

　　在世界的最边上，有一个与众不同的王国，国王和王后整天除了享乐，其他什么事情都不关心。国王和王后只有一个女儿，名叫蔷薇花公主，她长得非常漂亮。王后见公主长得越来越漂亮，嫉妒得要死，担心她长大后得到的赞美会超过自己，便决定把她藏起来。

　　很快，王后让人在偏远的地方建起了一座小房子，四周垒上高墙，把公主囚禁在里面，派卫兵日夜在墙外巡逻，不让任何人靠近小房子，否则格杀勿论。从此，人们再也没有见到过公主。王后假装表现出很伤心的样子，逢人就说公主长得有多丑陋，有多不讨人喜欢，她是出于无奈，只好忍痛割爱把自己的宝贝女儿藏在了一个神秘的地方。就这样，日子一天天过去了，转眼间公主十八岁了。

　　有一天，王国里来了一位名叫水仙花的小王子，他从小受一位仁慈的仙子教导，不仅学了很多知识，还掌握了一些简单的法术。小王子很快长大了，仙子叫他去见见外面的世界，并在他需要的时候随时准备帮助他，临行前还送他一枚魔戒，只要把戒指戴在手上，别人就

看不到他了。王子非常高兴，收好魔戒就上路了，他游历四方，增长了许多见识。

当王子来到这个与众不同的国家后，就听说了蔷薇花公主的故事，他非常好奇，总想去看看蔷薇花公主究竟长什么样子。于是，趁没人注意时，他戴上魔戒，翻过了高墙，他看到一个女孩正将漂亮的花环戴在头上。

"真美啊！"王子不禁发出感叹。她是他所见过的世界上最漂亮的女孩，可是，她是谁？人们都说公主奇丑无比，而眼前这位女孩却如此美丽动人，他几乎不敢相信自己的眼睛。王子突然意识到，这位美丽的女孩一定就是公主！他为这惊人的发现而激动不已。

在接下来的日子里，王子每天都悄悄地来看望蔷薇花公主，他越来越喜欢她，一心想去照顾她，帮她做好一切，让她永远幸福快乐。于是，他请仙子帮忙，让他出现在公主的梦里，为的是有一天当他真正站在公主面前时，公主可以一眼认出他。这个办法真奏效，公主在晚上睡着以后，果然梦到了水仙花王子。在梦里，公主与王子开心地聊天、玩耍。

公主醒来后，请求王子现身，还说不然的话，她的心会因对他的过度思念而破碎。王子说："我美丽的公主，你要答应我，无论我长什么样儿，你都要爱我！"

公主激动地说："亲爱的王子，我向永恒的太阳发誓，今生今世只爱你一个！"听完公主的承诺，王子再也坚持不住了，他立即取下手上的戒指，出现在公主面前。公主看到心爱的王子终于出现在眼前，非常兴奋。

　　然而，好景不长，水仙花王子因为其他事情，不得不暂时离开心爱的蔷薇花公主。可是他刚刚离开，公主的头顶就突然涌来一团可怕的烟雾，那是巫师格鲁姆丹，他又高又笨，瞎了一只眼睛，鹰钩鼻子险些卷到一起，牙长长的向外龇出，绿毛胡子就像是长在脸上的苔藓。公主看到这个怪物，吓得惊叫起来。

　　"我的水仙花王子，你在哪儿?"公主哭喊着，向遥远的水仙花王子求助。

　　巫师不明白公主的意思，以为她喜欢水仙花，便说："美丽的公主，原来您喜欢水仙花啊? 这还不容易。"说着，就把手中的魔杖一挥，招来许多水仙花，几乎要把公主埋住了。

　　这时，突然飞来一位仙子，她正是王子身边那位法术高明的仙子，王子离开公主后，她一直在暗中保护公主。她大声制止巫师："住手，格鲁姆丹! 这位公主受我保护，任何人对她有无礼的举动，我都会让他付出代价的，为此你要被关上一千年。如果你能通过一种常人的方式赢得公主的芳心，那我将不会阻止你。但我警告你，我绝不允许你使用欺骗的手段!"

　　巫师受到仙子的羞辱与威胁，心里很不服气，但他口头上答应不会采用欺骗的手段逼公主嫁给他。然后，灰溜溜地逃跑了。

　　随后，仙子也离开公主，回到了自己的国家，把巫师想娶公主的事情告诉了水仙花王子。王子一听，非常愤怒，恨不得立即飞到公主身边去保护她。可仙子告诉他，巫师的诡计很多，要想打败他，只可智取，不可力敌。

王子智斗巫师

巫师为了赢取蔷薇花公主的芳心，与王子开始了竞争，王子也准备好与他竞争到底。

首先，水仙花王子想出了一个让公主开心的好办法。他先与公主的鸟儿们成了好朋友，教它们如何用最甜美的颤音和最动人的旋律唱出公主的赞歌：

"啊啊啊——

哦哦哦——

我爱的人儿是公主呀，

公主有一颗善良的心啊，

鸟儿情愿为她歌唱，

虫儿情愿为她伴奏，

蝶儿情愿为她翩翩起舞！"

公主从没听过那么动听的歌声，听着心爱的人让鸟儿们向她倾诉爱意，她开心极了，禁

不住翩翩起舞。

　　而巫师觉得小鸟自古以来都会唱歌，"这没什么稀罕的！"他说。他要亲自为公主写一部歌剧，来证明自己的真心。

　　接下来，巫师的歌剧演出开始了。谁也没想到，他竟然让七只青蛙在舞台上嘶叫，那哪是什么歌剧啊，分明是一首蹩脚诗：

　　　　　　　　"蔷薇花呀蔷薇花，

　　　　　　　　你的大眼睛啊，

　　　　　　　　怎么这么草率地就杀死了

　　　　　　　　一个可怜的好心眼儿的巫师。

　　　　　　　　难道你认为这么做聪明吗？

　　　　　　　　不，傻瓜才这么做！"

　　舞台上的巫师忙得不亦乐乎，指挥青蛙呱呱乱叫，为了让表演显得更尽兴，更快地讨好公主，他竟拿着鞭子狠狠地抽打青蛙，一刻也不让它们停歇，直到后来累死了一多半儿青蛙。公主刚开始听巫师演奏的时候，觉得有点儿好笑，可听到后来，她简直快要烦死了，于是趁机逃走了。就这样，巫师失败了。

　　第二次，王子又想出了一个令公主开心的好办法。他让一位与埃及女王同样模样的女人斜躺在最豪华、最壮观的船上，然后沿着小河驶来。当船到达蔷薇花公主坐着的地方时，女王迈着庄严的步子，从船上下来走向公主，并送给公主一颗世界上最珍奇的珍珠。公主面对如此待遇，激动万分，欣然接受了这份礼物。随后，船队沿着蜿蜒的河流继续航行，直到消失在远方。

待在一旁的巫师觉得这没什么，就为送一颗珍珠，居然如此兴师动众。于是便说："如果公主喜欢珍珠，我马上让你成为世界上拥有珍珠最多的人。"说着，就唤来数不清的大牡蛎，让它们把壳里孕育的珍珠一一放到公主脚边。可公主对此一点儿兴趣也没有。她只爱手里的那颗珍珠。这次，巫师又失败了。他气急败坏地跺着脚。

第三次，王子又用森林里最茂盛的树枝，搭建了一座可爱的小凉亭，长椅上铺满了洁白的花朵，绿绿的苔藓地板上镂刻着珍奇的图案，五颜六色的花上写有公主的名字。凉亭里，王子让人摆了一桌美味佳肴，那全是来自彩虹世界的奇珍异品。这时，悦耳的琴声响起了，银色的喷泉在空中舞动起来，伴随着音乐旋律的起伏，时高时低。不一会儿，音乐停止了，一只美丽的夜莺，张着细长的小嘴儿，唱起了委婉动听的歌儿：

> "潺潺的小河
>
> 为我送来了欢乐，
>
> 欢快的鸟儿
>
> 为我传来太阳的歌。"

"啊！我的金嗓子，是谁教你唱的这首新歌？"公主高兴地叫起来，她认出那是她最喜欢的一只小鸟的声音。

"是爱，公主。"小鸟欢快地说。

公主沉浸在幸福的歌声中，脸上挂着甜蜜的笑容。

巫师见王子逗乐了公主，非常生气，大叫："这有什么，除了喳喳乱叫，一个宴会居然连一个盘子也没有，太不可思议了！"于是，他为公主在花园里搭了一座纯金的凉亭，里面摆着盛宴，金杯、金盘、金碟、金烛台等，一片金光闪闪，简直看得人眼花缭乱。

巫师说："亲爱的公主，请您与我共进晚餐。"见公主无动于衷，他自己走到桌前，像个食人魔一样大吃大喝起来。他的吃相把公主吓坏了。巫师还找来几位乐师，乐师的嗓音像猫头鹰一样沙哑，刚一开口唱，院里的鸟儿一下子全跑光了。公主也被吓跑了。留下巫师自己在那里狼吞虎咽。

第四次，王子又请小鸟帮忙。每只小鸟的脖子上都系了一盏彩灯，当夜幕降临的时候，鸟儿们在公主面前变幻出无数个色彩斑斓的美丽图案，它们一会儿变幻出五彩的星星花，一会儿变幻出亮晶晶的月亮花，一会儿又变幻出奇异的太阳花。公主被眼前明亮的花束深深吸引了，她开心地笑着，跳着，像天使一般。

巫师见公主那么开心，以为公主喜欢焰火，便立即招来全国的鬼火，让它们在旷野里跳舞。公主吓坏了，她以为火山爆发了，因为她的小院子里塞满了紫莹莹、蓝湛湛、绿幽幽的火苗。她害怕地躲进自己的小屋里，巫师这才叫那帮鬼火消失。他这次又失败了……

巫师的阴谋

巫师想尽办法，还是没有博得公主的欢心。于是，他想出一个让公主不得不嫁给他的阴谋。"公主，我真不愿离开你，但又不得不离开，所以特地来向你辞行。"巫师向公主道别，故意装出一副依依不舍的样子。

公主听巫师这么一说，高兴得简直欢呼起来，她恨不得巫师马上从她眼前消失，这样她就可以呼唤她心爱的王子了。果然，巫师刚转身，她就迫不及待地央求水仙花王子现身。

可是，王子刚一现身，躲在矮树丛中偷看的巫师就怒气冲冲地跳出来，用大棍子猛击王子的头部，要不是仙子及时出现，以闪电般的速度把王子带走，王子非毙命不可。公主被这突如其来的袭击吓坏了，她大叫一声，晕了过去。

等公主醒来以后，发现仙子不在，而那个讨厌的巫师却在她身边狞笑。她以为王子死了，哭得非常伤心。

"公主，我不管什么王子，总之，你将和我结婚，我现在就去安排，但为了防止你胡闹，我想你还是睡着为好。"巫师朝公主挥了挥魔杖，公主便睡着了。然后，他坐上一辆由四十八头强壮公牛拉着的纯金大车，拿着他的魔杖，抱着他那只黄褐色的非洲狮子，前去王宫提亲。

当巫师到达宫殿的时候，国王正准备外出打猎，王后刚开完舞会准备去睡觉了。"国王在哪儿？快告诉他，我必须见他，还有他的妻子！"巫师一进大厅，就大肆嚷嚷起来。国王对这个粗鲁无礼的巫师有些不满，但是当他看到巫师纯金的大车时，惊呆了。

"国王，我是来让你发财的。"巫师把魔杖一挥，指着变成小金山的大车说，"这些是赏给你的仆人的，这样他们就可以为我的健康干一杯。"

仆人们高兴极了，把金子分了个精光。然后，巫师让仆人们把魔杖给王后带去，让王后看看这个魔杖。王后的手刚触到魔杖，里面就掉出一大堆奇珍异宝，她高兴极了，赶紧跑出去见这位神秘的人。

巫师见国王和王后都到齐了，开门见山地说："我是出身名门的巫师，法力无边，你们的蔷薇花公主令我着迷。我不管什么水仙花王子。现在，我要和她结婚，但我一定要征求你们的意见。"

随后，巫师又取出心爱的口哨，吹出一种刺耳的声音，唤来他的巨狮，让它把公主从高墙里背出来。当国王和王后看到熟睡的公主时，惊得目瞪口呆，但他们都不敢动弹。这时，巫师把魔杖在公主的小鼻子旁一点，她随即醒了。

当王后看到貌美的公主睁开漂亮的眼睛时，她妒忌得要命，但还是假装很关心她的样

子，给公主套上一个面罩，让她去一个安全的地方躲起来。天真的公主信以为真，没想到却被王后锁在一个偏僻的小屋里。

公主非常难过，她日夜思念着王子。可是，王子此时也被仙子关在城堡里，因为仙子担心王子会被巫师害死，不让他独自去找公主。

与此同时，王后私下会见巫师。她答应巫师，只要他能带着公主远走高飞再也不回来，就答应他们的婚事，这正合了巫师的心愿。可是，公主才不想嫁什么巫师，她只爱水仙花王子，当她听到王后的安排时，哭泣着端起一杯毒酒，想一饮而尽……

突然，公主手中的杯子被打翻了，仙子乘着一朵光彩夺目的晚霞飘来了，后面跟着水仙花王子。公主与王子终于又见面了，两个人激动地拥抱在一起。

这时，巫师也来了，他看到仙子要将公主带走，非常气愤，立即冲过去阻止。

仙子也非常生气，她冲巫师大喊："格鲁姆丹，你竟然不守信用，采用骗人的小把戏来强迫公主嫁给你。我一定要让你受到惩罚！"

仙子说着，一把揪住巫师，把他挂在大厅的天花板上，然后又用她的魔杖把他关进从屋顶垂下来的一个水晶球里。"我要让你关上一千年，直到你信守承诺！"

可恶的巫师终于被制服了。然后，公主与王子在仙子的保护下，快速离开了那个偏僻的小屋。几天以后，仙子为水仙花王子和蔷薇花公主举行了盛大隆重的婚礼。

那位忌妒心极强的王后与愚蠢至极的国王，被仙子剥夺了对王国的统治权力，因为他们的所作所为已经不适合管理一个国家了。仙子把王国交给了王子和公主。退下来的老国王安心地去打猎了，老王后则每天安心地举办她的舞会。

从此以后，水仙花王子和蔷薇花公主幸福地生活在一起。至于那个巫师，因为没有悔改，一直被囚在水晶球里，不知何年何月才能出来。

凯瑟琳公主

Princess

一位美丽的姑娘，从小生活在一个富裕的家庭里，她原本可以生活得无忧无虑。然而，命运女神却跟她开了一个天大的玩笑，让她经历了整整七年的磨难，尝尽了生活的辛酸。没想到，一团丝线球的出现，又彻底改变了她的命运。她会重新过上富足的生活吗？

少女的命运女神

在一个美丽富饶的国家，有一位富商，他拥有天下最宝贵的财产，房子大得像王宫，家里到处陈列着名家字画、古董珍宝，厅堂正屋还摆有三把珍贵的椅子：一把银的，一把金的，一把钻石的。但他认为最为宝贵的，就是他唯一的女儿凯瑟琳。

有一天，凯瑟琳坐在自己房间里聆听窗外的鸟儿唱歌，门忽然被风吹开了，门外站着一位手里拿着小风轮的美少妇。

凯瑟琳以前从来没有见过这个人，但她却不知不觉地走上前去打招呼："您好，夫人，请问您是——"

"凯瑟琳，我是你的命运女神，"少妇自我介绍后，轻轻地走到凯瑟琳跟前，"你是想要年轻时的风华正茂，还是想要老时安详的晚年呢？"

凯瑟琳对命运女神的突然造访感到有些意外，她低头想了一会儿，说："如果我说想年轻的时候快乐些，那么以后我就会受一辈子的苦。不，我宁愿现在受点儿苦，遭点儿罪，那我对将来还有一个美好的期待，就给我一个安详的晚年吧。"

美少妇转着手中的风轮说："就这么定啦！"说完，就像来时一样匆匆地消失了。

没过几天，富商的船队在一次风暴中全部沉没了，船上载着他最最昂贵的商品，他破产了，很快就沦为了乞丐。这个打击对富商来说实在是太大了，他从此一病不起，没过多久，就离开了人世。

"爸爸，您不能丢下女儿就这样走啊！"凯瑟琳伤心欲绝，"女儿不能没有您！爸爸，求您醒过来吧！"可怜的凯瑟琳，不知趴在父亲身边哭了多少次，她一下由一个富商的女儿，变成了一个无依无靠、身无分文的穷人。

　　好在凯瑟琳是一个勇敢的姑娘，她没有被困难吓倒。很快，她就从悲痛中走了出来，她想明白了，必须找一份工作来养活自己。

　　于是，凯瑟琳决定到最近的一个小镇上去找工作，她可以给人当家庭老师，教孩子们弹钢琴、画画、识字，要知道无论哪一样她都很精通。

　　很快，凯瑟琳就到了那个小镇，她沿着大街往前走。这时，她看到一位年轻的夫人，就鼓足勇气上前问道："夫人，您家需要家庭老师吗？我可以教孩子弹钢琴、画画、识字。"

　　夫人上下打量了一下凯瑟琳，不耐烦地说："去去去，一个乞丐也会弹琴，简直是天方夜谭！"

　　凯瑟琳从没受过这样的奚落，眼里噙着泪花走开了。她一连问了好几家，没有哪一家相信一个女乞丐能识字，就更别说画画、弹琴啦。于是，她决定去给人家做女佣，只要能填饱肚子，洗衣做饭，打扫卫生，干什么活儿都可以。

　　这时，一位贵妇人从窗子里探出头看到了凯瑟琳，立刻被她悲伤的神色感动了，问道："可爱的姑娘，你怎么一个人在街上走啊？"

　　"啊，好心的太太，我现在身无分文，希望能找到一份女佣的工作，不然我就没饭吃了。"

　　"来我家吧，我们正好缺女佣做活儿。"就这样，凯瑟琳找到了她的第一份工作。

253

七年的磨难

很快，凯瑟琳就学会了做各种活儿，她在那儿干得非常出色，把主人家管理得井井有条。

有一天，女主人对凯瑟琳说："我要出一趟远门，要好多天才能回来，有你在家，我就放心啦。"

于是，女主人乘着马车出门了，凯瑟琳拿起针线，坐在窗前干起活儿来。忽然，门被猛地推开了，她的命运女神又出现了。

"噢，凯瑟琳，原来你在这儿！还坐在了窗前，你以为我就此放过了你？不，不，不，还早呢，这才只是刚刚开始，我不会这么快就让你过上安宁舒心的日子的！"命运女神怒气冲冲地走到凯瑟琳女主人的衣橱前，把摆放在里面最好的衣服和床上用品撕了个粉碎，然后扔得地上到处都是。

"噢，这可怎么办？"可怜的凯瑟琳泪流满面，两只手慌乱地将脸盖住。"如果太太回来了，她看到这里被弄得一塌糊涂，一定会认为这是我干的！可我什么也没做啊，谁会相信呢？上帝啊，请原谅我吧！"凯瑟琳哭着跑出了女主人家。

命运女神看凯瑟琳走了，把撕碎的衣服重新拼好，放回了衣橱，一切收拾妥当，像什么也没发生过似的，就离开了。

女主人回来以后，看到凯瑟琳不在家，还以为她盗走了值钱的东西跑了，等她四处查看之后，发现家里什么也没少。她不明白凯瑟琳为什么不见了，到处打听，一直没有她的下落，不久又找了另一位女佣。

凯瑟琳又无家可归了，她在大街上漫无目的地走啊走，也不知走了多久、走到了哪儿，最后她到了另外一个小镇。和上次一样，她碰巧又遇到了一位好心肠的贵妇人，她看到凯瑟琳从她家窗前经过，问道："可爱的姑娘，你这是要去哪儿啊？"

"啊，好心的太太，我现在身无分文，希望能找到一份女佣的工作，不然我就没饭吃了。"凯瑟琳像是看到了希望。

"来我家吧，我们正好缺女佣做活儿。"就这样，凯瑟琳找到了她的第二份工作。

这一次，凯瑟琳像上次一样，干得非常出色，她以为这下可以安宁了。

可是，没过多久，又发生了与以前一样的事。有一天，家里只剩下凯瑟琳一个人，命运女神又怒气冲冲地来了。她一看见凯瑟琳，就气急败坏地咆哮开了："噢，凯瑟琳，原来你在这儿！你以为我就此放过了你？不，不，不，还早呢，这才只是刚刚开始，我不会这么快就让你过上安宁舒心的日子的！"

命运女神见到能撕的，就撕个痛快；见到能摔的，就摔个粉碎。总之，家里被她搞得一

片狼藉，倒的倒，歪的歪。悲痛万分的凯瑟琳，第二次被她的命运女神逼出了女主人的家门。命运女神看着自己的杰作笑了，等凯瑟琳一走，她把毁坏的东西又一一复原了。

就这样，整整七年，命运女神一直在找凯瑟琳的麻烦，当她最后一次把凯瑟琳逼走后，似乎也厌倦了这种恶作剧。凯瑟琳在新主人家已经安宁地度过了好几年，她每天的主要任务，就是到守护小镇的那座高山上，把刚刚烤好的新鲜面包，送给主人的命运女神。

现在，凯瑟琳比以前开心多了，没人的时候，她也会想起父亲在世时的幸福时光，昔日

的生活与现在的生活，差距多大啊！

　　一天，女主人又看见凯瑟琳偷偷地躲在一边哭泣，就关心地问："凯瑟琳，你怎么啦？为什么总是偷偷地哭啊？"凯瑟琳就把自己的身世和经历告诉了女主人。

　　"凯瑟琳，等你明天再到山顶送面包的时候，求我的命运女神跟你的命运女神说说，求她让你过上安宁的日子，或许这样会管用。"好心肠的女主人给凯瑟琳出了一个主意。

　　第二天，凯瑟琳又去给女主人的命运女神送面包，她跪着向女主人的命运女神说："夫人，求求您跟我的命运女神说说吧，求她让我过上安宁的日子！"凯瑟琳把自己的悲惨遭遇向主人的命运女神诉说了一遍，说完她早已成了泪人。

　　"可怜的孩子，我会把你的话转达给你的命运女神的。"

　　于是，凯瑟琳的命运女神接见了她，并送给她一团丝线球说："拿着它，有一天会有用的。"凯瑟琳失望极了，她回到主人家，把丝线球拿给主人看："这有什么用？它根本不值钱，对我一点儿作用都没有。"

　　"好好保管它，或许有一天它有大用处呢！"女主人让凯瑟琳把丝线球保存好。凯瑟琳收起丝线球，就再也没管它。

丝线球带来的好运

这时，全国上下都在为年轻国王的登基典礼做准备，镇上所有的裁缝都忙着为国王缝制礼服。礼服真是美极了，简直是天下无双！可是就在它快完工的时候，丝线不够了，那种丝线是世上非常罕见的，人们到处找，都没能找到一样的。

于是，国王下了一道圣旨，说："如果谁有那么一丁点儿的丝线献进王宫，我愿意重金收买。"

女主人刚好从裁缝那儿回来，得知了这个消息，她一进家门，就高兴地大声喊起来："凯瑟琳，凯瑟琳，快拿着你的丝线球去见国王，你的丝线球正是他的礼服需要的那种线，它们的颜色和质地一模一样，你到了王宫，想要什么，尽管向国王开口要。"

凯瑟琳听完女主人说的话，高兴地穿上了她最好的衣服，拿上丝线球去见国王了。国王看到了他想要的丝线，高兴极了，说："凯瑟琳，你的丝线真是帮大忙了！你说说想要什么，只要王宫里有的，随便你选。"国王向凯瑟琳许诺，她想要什么就给她什么。

有一位大臣给国王提议："陛下，是不是称一块与凯瑟琳的丝线球一样重的金子给她？"

"好主意！"国王同意了，然后又问凯瑟琳，"你觉得呢？"

凯瑟琳也不知道向国王要什么，便点头同意了。

当仆人拿来天平，把丝线球放在一端，另一端放上金块时，天哪，丝线球要比那块金子重多了。他们不停地往金块那边的天平上放珍珠玛瑙，把国王所有的宝贝都放上去了，它们仍没有丝线球重，国王再也没有什么宝贵的东西可放了。

"这可怎么办啊？"国王拍着脑袋发起了愁，"有了！"他的手碰到了头上戴的金王冠，等他把最后这件宝贝放在天平上时，天平平衡啦！

国王觉得这不可能，可事实却摆在了面前，他不得不相信眼前这位姑娘不一般，就不解地问凯瑟琳："你这丝线球从哪儿来的？如果你不把实情告诉我，我就杀了你！"

"尊贵的陛下，"凯瑟琳开始说起来，"我曾经跟您一样富有，有一个爱我的父亲，有一个温馨的家。然而，一场可怕的灾难夺去了我的所有，我没了家，成了孤儿，一个人流浪在街头，好心的女主人收留了我，可命运女神却一次次把我逼走，整整七年啊，我没过过一天舒心的日子，直到最后……"她泣不成声，哭着向国王诉说了自己的经历。

国王听完凯瑟琳的诉说，心中非常感动，他觉得凯瑟琳是一个心地善良并且坚强、勇敢的女孩子，便开始对她另眼相看了。这时，王宫里的智者说了一句话："我可怜的孩子，你受了这么多苦，现在终于可以转运了。"

国王听到智者的话，又看了看面前的凯瑟琳，心中不禁泛起波澜。他想了想，觉得只有像凯瑟琳这样坚强、勇敢又充满智慧的女孩才有资格做自己的王后。于是，在一个阳光明媚的日子里，国王迎娶了凯瑟琳，从此她过上了幸福的生活。

普拉西达公主

Princess

Princess

美丽的普拉西达公主非常聪明，但却很懒惰，整天无所事事；王子虽然英俊，却缺乏耐心，做事很急躁。仙女为了帮他们改掉坏毛病，设计了一个绝妙的计划。随后，王子和公主就失踪了……

冒险王子失踪

香香国有一位可爱的漂亮公主——普拉西达公主。她出生没多久，王后就突然失踪了。伤心的国王害怕公主寂寞，让她从小和表哥维维安王子生活在一起，并对两个孩子十分溺爱。

公主非常聪明，无论教她什么，一学就会，但她却有一个致命的缺点，那就是懒惰，对什么都无动于衷，毫无热情。而维维安则恰恰相反，对什么都太热情，无论学什么，都只有三分钟的热度，还没学上一会儿，就厌烦了，他太缺乏耐心，总是见异思迁。

有一天，王子突然失踪了，伤心的国王不得不开始培养公主，好让她将来成为一名合格的女王。可是公主不堪学习的重负，再也不想留在王宫里了，就苦苦哀求仙女，让她想办法解救自己，于是，仙女就把她带离了王宫。

再说王子，他离开王宫后，也不知自己走到了什么地方。他骑着马儿跑啊跑，马儿跑不动了，他就步行。

不知走了多久，他发现自己已经到了一片无边无际的森林里，他迷路了，累得筋疲力尽，好在他找到一个小木屋，里面住着一个老妇人。

"开门，快开开门！"王子重重地拍打着门大声叫道。

"别急，别急，你要有耐心。"从屋里传来老妇人慢声细语的说话声。

"我都快饿死了，能不急吗？"王子不耐烦地叫起来。

"你要学会有耐心。"老妇人把王子让进屋。

"屋里怎么什么吃的都没有啊？对一个快要饿死的人来说，美食才是良药，耐心只是空炮！"王子都要疯掉了，他可不想饿死，于是又不安地问，"那我能吃点什么呢？"

"你可以跟我去摘些豌豆，等煮熟了，就可以填饱肚子了。"老妇人说着，拿起一个篮子，准备去摘豌豆。

"等摘回豌豆，煮熟了，我早就饿死了。"王子可怜巴巴地说。

"你要学会有耐心。"老妇人叫王子一起去，没办法，他只好跟着一起去摘豌豆。

终于，他们把豌豆摘回来了，好不容易剥好皮，可老妇人却要王子数出五十四粒豌豆，一粒也不肯多煮，王子都快饿死了，哪还有闲工夫数豌豆，多煮些也无妨啊！可是，老妇人就要五十四粒，王子拗不过她，只好数出五十四粒豌豆。煮好之后，他们一人吃了二十七粒，王子惊讶地发现自己竟吃饱了。

第二天，王子很高兴地吃过早饭，又有了精神。他向老妇人问道："老人家，您是谁？"

"我很高兴告诉你我的故事，不过说来话长。"老妇人说。

"哦，我可没工夫听太长的话！您告诉我，这是什么地方？"王子打断老妇人的话。

"在你这个年纪，必须学会有耐心，"老妇人说，"这里是黑鸟森林，黑鸟是一位神的使者……"

"一位神使？"王子没耐心等老妇人把话说完，就像一阵风似的跑走了，甚至连怎么走都没来得及问。当王子来到一座巨大的黑色城堡时，他发现那儿的人们在说一种他根本听不懂的语言。"我饿得不行了，能不能给我弄点儿吃的？"他连说带比画，可是对方根本听不懂他在讲什么，他还想再说什么，由于语言不通，无法跟他们交流，只好把话憋在肚子里。

一连好几个小时过去了，才有人用极其缓慢的动作把他引进餐厅。他饿得伸手就去抓桌子中央放着的菜盘子，可是盘子像是被钉住了，一动也不动。他只好学其他人用一根长长的芦苇吸管吮吸自己那份食物。等他吃完那顿慢得不能再慢的饭时，他都快被那种慢腾腾的动作折磨死了。随后王子又被带去看一场史无前例的慢象棋比赛，直到他疲倦得不行了，才被人以同样缓慢的方式领回房间去睡觉。

第二天，王子被带去洗澡，他经历了一次前所未有的洗澡方式，慢得他简直快急疯了，然而整整六十天的时间里，他都是以这种慢极了的方式吃啊，看啊，洗啊，转啊，每天不厌其烦地重复着这个过程，一遍又一遍，还不得不生活在沉默中，他简直郁闷到极点了。

现在，王子要离开那个慢腾腾的地方了，他心中的急躁被磨得弱多了。这时，老妇人提到的"黑鸟"突然出现了，并用维维安能听懂的语言清楚地对他说："王子，你的幸福取决于与你性格完全相反的东西，你必须试着改掉自己身上急躁的坏毛病。"

王子终于听懂了一句话，他竟忘了开口说话，当大门打开的刹那，他像放飞的鸟儿一样，迫不及待地冲出了那个慢腾腾国。

王子与神秘羚羊

　　王子走出森林后，发现河边有一条船，他急于想离开那里，完全没注意到那是一条纸船，等他想回到岸边时，风已经把船吹进大海，在海上停航了。他多想回到黑鸟城堡，至少在那儿还能看到活物，可在茫茫大海上，除了风就是浪，他只好耐着性子等待有朝一日风能把他带回岸边。

　　终于有一天，他回到了岸上，很快他又迷失在密林中，他在森林里走了很久，看到一棵大树，便在旁边躺下了。忽然，从矮树丛中跳出一只漂亮的小羚羊，它气喘吁吁地一下子跌倒在王子脚边，上气不接下气地说："噢，维维安，快救救我！"王子惊讶地站起来，拔出宝剑，将羚羊后面穷追不舍的绿毛狮子杀死了，狮子临死前大叫三声，唤来它的主人巨人。巨人一看他的小宝贝狮子被杀死了，痛哭流涕，吵着要替它报仇，五六个回合之后，巨人被王子打倒了，顷刻化作一团乌云消散了。

　　"可爱的小羚羊，快告诉我，你怎么会认识我的？"王子还没来得及把剑插回剑鞘，便问羚羊是怎么一回事。

　　"噢，维维安，我得好好休息一下，才能说话。"羚羊甜甜地说，"我怀疑你没有耐心听我把话说完。"

　　"我已经学得有耐心了。"王子尽力克制自己，不让他显得那么急躁不堪。

　　"我看你还是先跟我回绿色城堡吧，到时候我们有的是时间说。"羚羊说着，叫来一只大蜗牛，"我可不想走回去，让它驮着我们会好些。"

　　"它？"王子指指蜗牛，简直不敢相信他们会骑着蜗牛走，这要到什么时候才能回到绿色城堡啊，"你不会开玩笑吧？蜗牛那么慢，我们走一年也不会到的。"

　　"随便你好了，这儿有的是肥嫩的青草，我很愿意待在这儿。不过，如果我是你，我就愿意接受别人的忠告。"羚羊说着，低头吃了一口青草。尽管王子一百个不乐意，但他还是按照羚羊的话去做了，等他们来到城堡，羚羊突然变成了一位迷人的公主，维维安认出了她就是表妹普拉西达。

　　"表哥，"公主像以前一样甜甜地叫他，"维维安！"

　　"表妹，是你？你怎么会变成一只羚羊呢？这究竟是怎么回事？"王子又惊又喜。

　　公主开始讲述自己的遭遇："你走了以后，父王开始让我学习如何治理国家，我烦透了，求仙女把我带走，可是在一次仙女大会上，其他仙女都说照顾我的仙女对我太溺爱、太纵容了，并命令她把我的管教权交给另外一位仙女。"

　　"这看来是个不错的主意。"王子打断她说，"如果我的遭遇也是她安排的话，我真希望这对我能有所帮助。"

公主又接着讲起来："另一位仙女骑着大独角兽把我带到了一个农场，农场主是一位国王，他和王后因为无知和懒散，被仙女们贬到农场干活儿，我也被安排到那儿干活儿，仙女叫国王和王后好好管教我，教我如何做一个有用的人。可我什么都不会，国王叫我去放羊，结果羊吃了农民家的庄稼，他们严厉地训了我一顿。

"后来，我逃离了农场，到了一个像仙境一样的地方，周围的花草树木就像彩虹一样放着奇异的光彩，我随手拉了一条垂在空中的丝线，整片草地竟响起银铃般悦耳的声音。

"这时，来了一位贵妇人，她很生气，对我说：'你怎么敢跑到我这儿来？我不许任何人住在这里，以免惊扰了我的鸟！'我向她保证，绝不会做任何事来惊吓她的鸟，并求她给我点儿吃的。

"她让鸟儿给我弄了些吃的，等我一吃完饭，她就叫来一只大黑鸟，并对它说：'你把她带到我的堂兄巨人那儿去。'天晓得，当时我多想留在那儿，大鸟不等我开口说话，就把我带走交给了巨人，就是刚才被你打败的那个。

"他让我日夜不停地织布，我哪儿会织布呀。无论他怎么惩罚我，都无济于事，我什么都织不出来。最后，他让我参观动物园，说里面的动物都是不愿意工作的孩子变成的，他嫌我做什么都慢得不行，一怒之下，把我变成一只羚羊，他正准备把我赶进动物园，这时来了一只狗，我吓坏了，撒腿就跑。巨人一听我逃跑了，就派他的绿毛狮子来追我，命令它把我带回去，要不是你在泉水边救了我，真不知我现在会落到什么地步。"

王子也把他的遭遇讲给公主听，讲完后，他俩手牵手一起把关在那里的所有囚犯都放了出来，所有动物都恢复成原来的样子了。

幸福到来时

后来，日子一天天过去了，维维安和普拉西达开始有事互相商量了，有什么小烦恼也彼此安慰对方。最后，他们竟都喜欢上了对方，以至于为了普拉西达，维维安变得非常有耐心了；而普拉西达为了维维安，也做出了超乎寻常的努力，变得很勤快了，对什么事都表现出了浓浓的兴趣。一直在背后注视着他们的仙女们，看到事情有了新进展，她们想考验一下他俩是否真心爱对方。于是，仙女们让公主发起高烧，让王子变得萎靡迟钝，让他俩开始为对方感到心神不宁。

仙女趁他们不在一起的时候，突然出现在公主面前说："我刚刚看过维维安王子，他病得不轻，一直在说胡说。"

普拉西达急切地说："是的，夫人，只有您能治好他，您可以把我带回农场，或让巨人复活，您会看到我要多乖巧就有多乖巧。"她多么希望心爱的人能好起来啊。

仙女试探着又说："要想让维维安康复，只要你——"她故意顿了顿，想看看普拉西达有什么反应。

公主迫不及待地把仙女的话接了过去，恳求她说："只要能让维维安表哥康复，让我做什么我都愿意，或者再变回羚羊，或者是付出我的生命。"仙女不紧不慢地说："只要你能抓住我一直在寻找的跑鼠和飞燕，并把它们带给我就行了。不过千万要记得，时间紧迫！"仙女的话刚一说完，公主就急匆匆地冲出了城堡大门，仙女看着她远去的身影笑了。

随后，仙女又去找维维安王子，她摇着头，神情十分严肃地说："她病得可真糟，一直高烧不退。"王子急切地对仙女说："求您救救她吧，如果能换回表妹的健康，我愿回到黑色城堡，或纸船上，只要您愿意，随便哪儿都可以，只要能救表妹普拉西达一命，让我做什么我都愿意，哪怕是付出我的生命。"

仙女又不紧不慢地说："如果你能找到那只粉色的鼹鼠，把它送给公主，她就会康复。"仙女的话刚一说完，王子就着急地出发了。

这对深深相爱的情侣，日夜不停地寻找着，公主在树林里跑啊跑，看啊看，她终于发现了仙女一直在寻找的跑鼠和飞燕，紧追不舍地跟在它们身后跑着。而王子则在草地上不停地转啊转，找啊找，眼睛一刻也不离地面，始终关注着鼹鼠们的一举一动。有时，他不得不踮着脚尖慢慢地、轻轻地走，以免惊动了地下那些小家伙们。他常常一站就是好几个小时，为的是能早日捉到那只粉色的鼹鼠救表妹。但很可惜，每次他抓到的都是黑色的鼹鼠，不过，他并没感到厌烦，仍旧锲而不舍地寻找那只粉色的鼹鼠。王子在努力寻找的过程中，性格改变了许多，学会了耐心与专注；而公主在追寻的过程中，也变得勤快多了。仙女们也看到了他们的改变，知道他们已经开始关心他人了，心里很高兴。

有一天，他们终于成功地完成了各自的任务，公主忘记了疲劳，她一手举着跑鼠，一手举着飞燕，开心地大叫起来："我终于可以救我心爱的人啦！"这时，她听到了维维安王子的声音。只见王子怀里抱着一只粉色的鼹鼠，他惊喜地大叫起来："我终于可以救我心爱的人啦！"当他俩看到对方的时候，那种狂喜已经无法用语言来表达了，他们飞奔着跑向对方。而此时，普拉西达的父王出现了，原来他俩迷失在他的王国里，他认出了女儿和外甥。当他展开双臂欢迎他们回家的时候，粉色的鼹鼠、飞燕和跑鼠都不见了，取而代之的却是可爱的王后、黑鸟和巨人。

"天哪，这是上帝赐给我的世上最好的礼物！"国王高兴地大叫起来，一把将王后紧紧地搂在怀里，要知道，那可是他分别多年的妻子啊！随后，黑鸟和巨人也恢复了本来的面目，原来它们是另外两位仙女变的。两位仙女微笑着上前向国王一家道贺。他们每个人都找到了自己的真爱。维维安王子和普拉西达公主随即举行了婚礼。

国王和王后在经历这一切之后，不想再统治国家了，于是他们高高兴兴地隐居到一个宁静的地方去了，把王位让给了王子和公主。新国王和王后受到了所有臣民的拥戴，而他俩也通过为他人造福，感受到了前所未有的快乐。

白猫公主

Princess

Princess

　　一位王子为了完成父王交给的特殊任务，独自来到一座城堡，没想到他推开门的瞬间，空中竟飞舞着一双双神秘之手，王子吓坏了。原来，这里是白猫公主的天下。那么，在这座城堡里究竟还隐藏着什么秘密呢？让我们走进故事，去寻找答案吧！

神秘之手

在月亮河的对岸，有一个庞大的王国，国王有三个儿子，他们个个都非常勇敢。国王虽年事已高，但他还不想把国家的统治大权交给孩子们。于是，他想出了一个自认为最好的办法。

有一天，国王把孩子们叫到跟前，说："孩子们，我现在岁数大了，不比当年了，最近总觉得做事有些力不从心，我希望你们当中的一个来继承我的王位。为了让我退位以后不寂寞，我很想要一只可爱的小狗做伴，如果你们谁找到的小狗最漂亮，我就让谁继承王位。"

三位王子听完父王的话，都很高兴。他们准备了一番，约好会面地点，便出发了。大王子和二王子在路上经历了不少奇遇，但与小工了相比，那都太平常了，小王子的经历真是太离奇了。

小王子几乎每天都要买上几条狗，大的、小的、高的、矮的、胖的、瘦的、长耳的、短耳的，好多好多。他一个人带着成群的狗，每天漫无目的地走啊走。

终于有一天，他在一片茂密的大森林里迷了路，借着一丝微弱灯光的指引，他来到一座富丽堂皇的城堡，大门是金色的，上面镶着红宝石，刚才的微弱灯光就是红宝石发出的光亮，大理石的墙壁散发着柔和的光彩。

271

谁会住在这么美的地方呢？小王子想了想，拉了下门上的鹿角。丁零零……一阵银铃般的乐声响起，城门自动开了，只见空中飘动着无数只手，每只手中都举着一支火把。小王子惊呆了，他一动不动地看着周围的一切。

忽然，小王子感觉身后有几只手在推他。他很不自在，手里紧握着宝剑，以防不测。当他来到大厅时，耳边传来悦耳的歌声：

> "空中飘着一双双手儿，
> 为你开心而忙啊，
> 假如你有一颗对爱情永不屈服的心，
> 留在这里，
> 可以勇敢无惧。"

小王子听出这是欢迎他的歌儿，心里便不再紧张了。他在神秘之手的指引下，穿过一扇珊瑚门，被带到一个豪华的大厅里。神秘的手帮王子把身上的湿衣服脱掉，为他换上了镶有翡翠的最好看的衣服。小王子穿戴整齐后，神秘的手又引他到了一间华丽的餐厅里，只见桌上摆着金盘、金勺、金叉和镶有宝石的水晶杯。

这时，从外面走进来十二只猫，它们怀抱吉他和乐谱，来到房间另一头，开始表演起来。它们一边喵喵地叫着，一边用爪子拨弄吉他。小王子被它们搞怪的行为、滑稽的动作和五花八门的叫声逗得哈哈大笑。他想，难道它们是在唱歌吗？此时，门也自动打开了，只见两只身披黑色披风、手拿宝剑的猫出现了。在它们身后是一只身材小巧玲珑的小白猫，它头戴面纱，可爱极了！在它身后是一大群猫，它们手中拿着装满老鼠的笼子，小王子呆住了。

白猫城堡

"王子，欢迎来到白猫城堡，我是白猫公主，很高兴见到你。"白猫甜润的声音真好听，而它的举止也是那么优雅大方。

"感谢您的盛情款待，您真是一只很特别的猫。"小王子从没见过会说话的猫。

"上菜吧。"白猫不愿听小王子说客套话。

一双双神秘的手把菜端了上来，然而小王子竟毫无胃口，因为桌上摆了一盘油煎小老鼠。白猫察觉到小王子的反应，向他保证："您的菜是在另外一个厨房做的，里面绝对没有鼠肉，您可以放心吃。"小王子相信白猫不会骗他，便吃起来。

忽然，小王子发现白猫戴着一只玉手镯，镯子上镶着一幅年轻男子的画像，画像中的男子长得跟他像极了，简直就像是照着他画的。

晚饭过后，小王子被一双神秘的手引着休息去了。第二天，他被一阵嘈杂声吵醒了，原来白猫要去打猎，它骑着一只猴子，小王子则被带上了一匹木马，木马驮着他欢快地出发了。

打猎归来，白猫递给小王子一杯酒，他喝过以后就什么也不记得了，连找小狗的事，他都忘得一干二净。他和白猫每天快乐地生活在一起，哪怕是躺在花丛里晒太阳，都是那么美好甜蜜。

很快一年就要过去了。有一天，白猫对小王子说："你只有三天时间了，你得找到一只可爱的小狗献给你的父王，你的两个哥哥都找到了。"

　　小王子突然恢复了记忆，急得猛拍着自己的头说："这可怎么办？我把这事都忘了，如果我找不到小狗，将失去竞选国王的资格。再说了，即便找到小狗，我也无法在三天之内赶回去了！"

　　"王子，别急，我来帮你。"白猫说着，拿出一颗橡果，"这里面有一只世界上最最漂亮的小狗。你还可以在这儿多待一天，到时候，只需要十二小时，木马就会把你送到家。"

　　"亲爱的白猫，都什么时候了，您还开这种玩笑。"小王子不高兴了。但是，当听到从橡果里传来小狗汪汪的叫声时，他脸上顿时露出了笑容："可爱的白猫，您真是太好啦，让我怎么感谢您才好呢？我真想带您一同回去，和您在一起的日子，真是快乐无比，没想到时间过得这么快，一晃一年就过去了。"

　　白猫无奈地摇摇头，拒绝了小王子。

　　于是，小王子上路了，很快他就回到了王宫。他的两个哥哥献上了他们的小狗，两只小狗漂亮极了，根本分不出胜负来，他俩商量着将王国平分，一人一半。就在这时，小王子走了过来，他把橡果里的小狗放在地上，小狗立即起身跳舞，人们从没见过这么漂亮的小狗，国王自然喜欢得不得了。但他并不想急着退位，便对三个儿子说："你们做得都很不错。所以，我打算让你们再出一趟远门，如果这次谁能找来一块可以穿过针眼的薄纱，我就把王位让给谁。"

　　三位王子又出发了，小王子骑上木马，朝他心爱的白猫城堡飞驰而去。他刚一到城堡，一双双神秘之手赶忙出来迎接他，牵马的牵马，引路的引路，小王子则迫不及待地去找白猫。

　　白猫听见了小王子的脚步声，竟从睡觉的小篮子里跳了起来，它高兴地扑到小王子怀里

说："哦，亲爱的王子，你再次来到这里，真是上帝赐给我的幸福啊！你离开的日子，我是多么想念你啊！这下好啦，我们又在一起了。"

小王子把父王要他们寻找薄纱的事讲给白猫听，看它能不能帮上忙。幸好白猫城堡有几只精于纺织的猫，这件事就交给它们了。随后，小王子又跟白猫快乐地生活了将近一年，时间过得飞快，转眼又要启程离开城堡了。

这次，白猫给小王子准备了一个豪华的车队，临行前白猫交给小王子一个胡桃："把这个带上，你让我找的那种薄纱就在里面。"

"可爱的白猫，我真不想离开你，只要你有让我放弃当国王的念头，我就再也不走了，留在这儿，永远和你在一起。"白猫婉言谢绝了小王子的好意，因为它除了会捉老鼠以外，就什么都不会了。

小王子依依不舍地离开了白猫城堡，再次回到王宫的时候，他的两个哥哥正在生气，因为他们找到的薄纱都不能穿过细细的针眼。而此时，小王子气派地进来了，他打开了胡桃里面的层层包装后，国王见到了世界上质地最好的薄纱，它绕着针眼来来回回地穿了六次。但国王还是不想把王位交出来，便对他们说："孩子们，我最大的心愿就是你们每人能找到一位公主，谁的公主最漂亮，我就把王权交给谁。"

三位王子又纷纷上路了。

破 解 魔 法

　　小王子第三次来到白猫城堡，当他再次见到白猫的时候，把父王的任务又向它说了一遍，末了，他还气冲冲地说："很明显，父王根本不愿退位，我已经赢了两次，即便我再赢一次，也没什么意思，不如就永远留在你这儿好了。"

　　白猫希望小王子得到王位，就答应帮他寻找一位好公主。这一年，小王子比前两次过得都要快乐，有时他也会问起白猫，为什么它会说话，白猫只是笑笑，什么也不说。

　　时间过得可真快，一晃又到了小王子回去的时间了，而小王子好像忘记了回家，他不愿离开白猫，与其永无止境地找下去，不如留下来跟白猫快乐地生活在一起。

　　一天晚上，小王子正和白猫待在一起，白猫突然对他说："拿剑砍下我的头！"

　　"你说什么？"小王子惊叫起来，"亲爱的白猫，你知道我是多么爱你啊，让我砍下你的头，除非先砍下我的头！"

　　"求你了王子，照我说的去做。"白猫拿起宝剑递给小王子。

　　"不！不！不！"小王子连连后退，他哪里舍得杀死心中的最爱呢——哪怕它是一只猫。

　　"王子，如果你明天想带一位公主回家，就必须按照我说的去做。"白猫再一次请小王子把它的头砍下来。

　　"可是，我亲爱的白猫，如果为了让我得到一位公主而牺牲你，我宁愿不要这样的公主，我根本不稀罕什么王位，只要和你在一起，我就知足了。"

　　"亲爱的王子，如果你爱我，就照我的话去做，勇敢地拿起宝剑，把我的头砍下来。"白猫鼓励小王子。

　　"亲爱的白猫，求你别让我这么做，只要能留住你的性命，我愿拿我的性命来交换。"小王子已经把宝剑架在自己的脖子上了。

　　"不，王子，你一定要照着我的话去做。"白猫的眼里已经涌出泪花。

　　绝望的小王子对着天大叫起来："哦，上帝啊，快来救救我！"

　　白猫再一次让小王子举起手中的宝剑，小王子痛苦不堪，早已泣不成声，他颤抖着双手向心爱的白猫砍去。

　　突然，奇迹出现了，一位可爱的公主出现在小王子面前。透过公主清澈的双眸，小王子认出了她，是白猫！他高兴地语无伦次："哦——这——上帝啊！"

　　这时，从门外走来一群高贵的人，原来是城堡中的其他猫全部变回了人的模样，笼罩在他们身上的魔法解除了。

　　白猫公主对小王子解释说："你曾经说我是一只与众不同的猫，你说对了。我原本是一

位公主，有着深爱我的父王和母后。

　　"有一天，母后外出旅行，途中经过一座由仙女管辖的古城堡，母后听说仙女的果园里长满了奇珍异果，那里结的果子，在其他任何地方都看不到、吃不到。她特别想尝到这些仙果，便叫人去敲大门。

　　"可是，大门里好像没人，无论怎么敲，里面一点儿动静都没有。母后等不及了，越难得到的东西，她就越想得到。她命人搬来一架梯子，因为墙头看起来并不高，可是无论梯子怎么往上接，就是够不到墙头。

　　"母后非常沮丧，生了一场大病，吃不到里面的仙果，她一定难受极了。她命人就地扎营，一定要想办法弄到果子吃。没想到，后来来了一个丑陋的小矮人老太婆，她是照看果园的仙女。她对母后说，如果她坚持要品尝到果园里的水果，也不难办到，只要母后答应把我留给她来照顾，母后想吃多少水果都可以，只要她能拿走。

　　"母后当然不同意用我来交换果园里的水果，但是，仙女只要我，除了我，她什么都不要，无论母后许诺她什么条件，哪怕是金山银山都无济于事。

　　"母后觉得仙女的条件太苛刻了，她没有别的办法，如果不答应，她会因为没有品尝到园子里的仙果而难受地死去。可是如果交出女儿，她又舍不得。无奈，最后她还是答应了仙女的条件。

　　"仙女放母后进了果园，里面的果子果真与外界的不一样，仙女一吹口哨，那些水果便呼啦一下，翻着跟头飞进母后怀里。母后从没吃过那么甘甜的水果，她完全忘了自己的承诺。"

277

278

幸福到来

"后来呢？你怎么会变成白猫？"小王子急于想知道事情的原委。

"母后以为事情就这样结束了，"白猫公主接着说起来，"她刚一回到王宫，仙女就派五个小矮人来要我，母后吓得躲了又躲，藏了又藏。父王得知后，气得把那五个小矮人赶走了，并把母后和我藏在一个不为人知的秘密地方。

"然而，仙女又派来一条会喷火的巨龙来要我，它走到哪儿烧到哪儿，没办法，父王只好把还是婴儿的我交给了仙女。就这样，我到了一座高塔里，那是仙女专门为我建的，她对我百般呵护，教我学会许多东西，周围美如仙境，除了奇珍异果，就是奇花异草。可是我一个同伴也没有。

279

"有一天，当我正在窗前坐着欣赏塔外面的美景时，一位英俊的王子在塔下看到了我。当然，我也看到了他。要知道，我是多么高兴啊，心想，这下可好啦，我终于有一个同伴啦。王子从此天天来看我，直到有一天，我答应嫁给他。

"后来，我好不容易才逃出高塔，没想到，刚一到塔下，就被坏脾气的仙女看见了，她骑着巨龙一口就把王子吃了。仙女要我嫁给小矮人国的国王，我才不会嫁给一个我不爱的人呢，她一怒之下，就把我变成一只白猫，并带到这里。我父王的大臣和宫女们，也都中了魔法，变成了各种不同的猫，而地位低的人，除了一双手，身体的其他部分全隐形了，旁人根本看不到他们。

"仙女还说，除非我能得到一位王子的真爱，才能变回真面貌。不过，我已经不再抱有任何希望了，因为她说那个王子必须与我以前的恋人长得很像，否则即便得到一位王子的真爱，我也变不回去。"

小王子想起白猫戴的那只玉手镯上镶着一幅年轻男子的画像，画像中的男子长得跟自己像极了，原来那就是白猫公主以前的恋人。小王子对白猫公主说："可爱的公主，你现在已经得到了我的真爱，嫁给我好吗？"小王子单膝跪地，激动地向公主求婚，"如果你愿意，我愿永远留在这儿。"

公主拉起小王子，说："你是我最爱的人，我们应该去见你的父王，看看他是什么意思。"

于是，小王子和公主一同上路了，他们的随行队伍，比任何一位国王出行都要壮观，就连马的脚掌上都钉着红宝石。

很快，小王子就到了与哥哥们会面的地方，他的两位哥哥每人挽着一位漂亮的公主在漫步，他们见小王子一个人骑着马回来了，问他是不是没找到一位漂亮的公主。小王子说他找到一只比前两次的宝物还要稀罕的白猫，哥哥们一听，捧腹大笑，说他是不是被老鼠吓坏了。

他们就这样一边说着，一边进了城。大王子和二王子分别乘着豪华的马车在前面走，小王子在后面，最后是白猫公主乘坐的水晶轿子，轿帘挂的是世上最精美的光滑绸缎，人们看不到公主，而公主却能清楚地看到外面的世界。

有人禀报国王三位王子回来了，国王很不情愿看到王子们带回漂亮的公主，因为他不想把王位交出去，但他还是很热情地接见了他们。

"哦，我的孩子，你们的公主真是漂亮啊！"国王假装高兴的样子，夸起两位公主。随后他一转身又对小儿子说："我的孩子，难道你是一个人回来的吗？"

要知道，国王心里此时是多么开心啊，上两次都是小儿子赢了，这次他却独自一个人回来，看来他输定了。

小王子不慌不忙地说："父王，我给您带回来一只可爱的小白猫，它的爪子柔软光滑，叫声格外甜美，我保证您看了之后一定非常满意，它就在那顶水晶轿子里。"

国王一听，不知有多高兴，刚起身准备去掀轿帘，突然，轿子散发出万道光芒，公主从里面走了出来，她穿着一袭飘逸的长裙，头戴花冠，金色的长发轻柔地垂在肩后，美得实在让人惊讶，人们从没见过这么漂亮的公主。公主向国王行了见面礼，她优雅的姿态让人们赞不绝口。

"尊敬的陛下，您是一位非常称职的国王，我来这儿绝非是想抢占您的王位，我来这儿只求您同意我与您小儿子的婚事。我已经有六个王国了，如果您愿意，我愿拿出三个，一个给您，一个给您的大王子，一个给您的二王子，还有三个就是我和您小儿子的。"

国王和大臣们被这突然降临的喜事惊呆了，他们高兴得不得了，立刻为三个孩子举行了婚礼。随后，三位新国王各自去了自己管辖的国家，从此以后，他们都过上了幸福的生活。

金发公主

Princess

Princess

国王爱上了邻国美丽的金发公主，他找来一位美男子替他去向公主求婚，可是公主却找出一个又一个理由来拒绝他，先是让他寻找丢失的戒指，又让他去杀巨人……美男子能完成使命吗？公主最后会嫁给谁呢？

美男子路上奇遇

在世界尽头最美的地方，有一位美若天仙的公主，她有一头金色如波浪的秀发，人们都喜欢叫她金发公主。

邻国有一位年轻的国王，他英俊、富有，自从听说了金发公主的事情后，便深深地爱上了她。他派使节驾着豪华马车，带上贵重的礼品，前去向公主求婚。

公主婉言谢绝了国王的好意，说她还不想嫁人。国王见使节没带回公主，竟像个孩子似的号啕大哭起来。

宫里有一位非常聪明的美男子，他说："如果当初国王派我去向金发公主求婚，我一定会把公主带回来。"然而，就是这么一句话，等传到国王那儿时，已经变了味儿，说美男子自认为比国王还英俊，如果派他去向公主求婚，公主一定会爱上他，情愿跟他回来。国王听后大怒："美男子竟敢嘲笑我，把他给我关起来！"

后来，国王无意间经过监牢，听到美男子自语，才知道原来那是一场误会。美男子说："如果当初国王派我去见公主，我会好好地把国王描述一番，让公主知道国王超凡的魅力与气质，我相信，到时候公主一定会爱上年轻有为的国王的。"

真相大白之后，国王派美男子前去向公主求婚，并给他准备了一支庞大的随行队伍，可是美男子只要了一匹马，便独自上路了。当然，他怀里还揣了一个小本子，为的是路上有什么好想法，方便随时记录下来。

有一天，美男子骑着马来到一片草地，脑袋里突然冒出一个绝妙的想法。他跳下马，背靠在小溪边的一株垂柳下，记下那个想法。这时，他发现一条金色的大鲤鱼疲惫不堪地躺在草地上，大口大口地喘着气。原来，它在捉小虫子的时候，不小心跳高了，将自己抛到了岸上。美男子急忙把它送回水里，奄奄一息的大鲤鱼又恢复了活力。

"好心的美男子，谢谢你救了我，如果没你的帮助，我将会被晒成鱼干，将来我会报答你的。"金鲤鱼说着游走了。

又有一天，美男子在路上看到一只走投无路的大乌鸦正在被一只老鹰追赶，要不是他用箭把老鹰射死，可怜的乌鸦就会被吃掉了。乌鸦高兴地对他说："好心的美男子，谢谢你救了我，若不是你的帮助，我现在已经成了那只老鹰的盘中餐，有朝一日我会报答你的。"乌鸦说完飞走了。

又过了几天，美男子走到了一片密林中。天还没亮，他忽然听见一只猫头鹰在绝望地叫。他想猫头鹰一定是陷入了绝境，很有可能落入捕鸟人的陷阱了。很快，他就找到了一张大网，网里罩着惊慌失措的猫头鹰。幸亏美男子及时赶到，如果捕鸟人来了，那可就惨了。他拿出短剑，割破大网，放出了猫头鹰。"有爱心的美男子，谢谢你救了我，如果没有你的帮助，我就死定了，总有一天我会报答你的。"猫头鹰说完，拍着翅膀飞走了。

美男子一路上经历的奇遇，数都数不清。后来，他快马加鞭，日夜兼程，没过多久就到了金发公主的宫殿。

三次大考验

当美男子见到金发公主时，把准备好的长篇说辞和盘托出，公主被他说服了，但她不想嫁给国王，就找理由拒绝他："一个月前，我与宫女在河边散步的时候，不小心将手指上的戒指掉进河里，它是我最最珍爱的东西，甚至比我的王国都重要。我曾发誓，如果谁能帮我找回那枚戒指，我就答应他的求婚。"

美男子大吃一惊，从河里找一枚戒指，谈何容易。他向公主深深地鞠了一躬，并带着他在路上买来的小狗走出了宫殿。

"唉——我真不知怎么才能找到那枚戒指，公主这不是故意刁难我吗？"美男子唉声叹气地说。

"我的好主人，别泄气啊，会有好运气的，你是个大好人，一定会遇到贵人相助的。"小狗安慰美男子。

"好心的美男子！"一条金色的鲤鱼从河里游了出来，它正是那天美男子救的那条金鲤鱼，"你忘啦？在柳树旁的小溪边，是你救了我，我答应会报答你的，拿着这个，把它交给公主。"金鲤鱼把含在嘴里的戒指放到美男子手里，然后"扑通"一下，钻进水里不见了。

美男子高兴极了，把戒指完好无损地还给了公主。可公主还是不想嫁给国王，又找来理由拒绝他："这附近有一个巨人想娶我，如果我不答应他的话，他就摧毁我的王国。如果你能杀死巨人，我就答应你的求婚。"美男子听到公主新差遣的任务，沮丧到了极点，因为他没能力杀死巨人，但他还是答应了。

路上，美男子遇到了许多人，他们都劝他不要去找可怕的巨人，因为没人能杀得了他，只有那只小狗一路鼓励他："我的好主人，别泄气，当你与巨人搏斗的时候，我会去咬他的脚后跟，他弯腰看我的时候，你就拔剑杀了他。"

美男子心里好受多了。很快他们就来到巨人的城堡，城堡前的路上铺满了白花花的尸骨，巨人唱着可怕的歌走了出来：

"把你们的小孩子统统送来吧，

分不分男女无所谓，

做不做卷发没关系，

我会吃掉很多很多小孩子啊，

才不管他们是男还是女，

头发是直还是曲！"

美男子为了给自己壮胆，也扯开嗓子大唱起来：

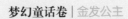

"电线杆子，见见勇敢的美男子吧，

对你他一点儿也不惧怕，

虽然他不很高大，

但足以把你打趴下！

不信，你就试试看！"

巨人听见歌声，勃然大怒，找了半天才发现不大点儿的美男子，他举起一根大铁棒就朝美男子砸了过去。就在这个紧急关头，一只乌鸦落到巨人的头上，用坚硬的嘴啄瞎了他的眼睛，美男子趁机杀死了巨人。

"好心的美男子！"乌鸦飞到了一棵高树上，原来它正是那天美男子救的那只乌鸦，"你忘啦？在路边的树上，是你救了我，我答应会报答你的，割下巨人的人头，去见公主吧。"美男子还没来得及感谢乌鸦，它就飞走了。

美男子提着巨人的头颅去见公主。"美丽的公主，我已经按照您的吩咐，把巨人杀死了，您再也不用害怕他了，我希望您现在就同意嫁给我的国王。"

"哦，亲爱的，这不行，"公主还是不想嫁给国王，又一次拒绝了美男子，并提出了更加苛刻的条件，"除非你从黑山洞里给我打回一瓶健康美丽之泉，要知道，只要沾上一点儿泉水，美丽的东西将会越发美丽，就连丑陋的东西也会变得可爱起来，年轻人会青春永驻，老人会返老还童。不过，你可要小心，因为洞口有两条眼睛会喷火的龙把守，任何人都别想进去，洞里面到处都是癞蛤蟆和毒蛇。"

"公主，您已经是世界上最漂亮的人了，根本就不需要这种水。"美男子知道，他去黑山洞只有死路一条，可公主提的条件不容任何人打折扣，可怜的美男子只好又出发了。

当美男子来到黑山洞时，一条黄绿相间的龙，挥着猩红的龙爪，舞着巨大的龙尾，蹿了出来。美男子心想：这下坏了，这次我肯定回不去了！然后他转过身对小狗说："万一我在与巨龙搏斗的时候死了，你一定要到公主那儿说明情况。然后，你再去我的国王那儿，把我冒险的经历告诉他。"

这时，美男子听到有人叫他。"有爱心的美男子！"一只猫头鹰蹲在树上对他说，"你忘啦？在密林是你救了我，我答应会报答你的，快把瓶子给我，我知道去黑山洞的路，能把瓶子里装满泉水。"

美男子高兴极了，把瓶子递给了猫头鹰。很快，它就衔着瓶子回来了，瓶里装满了冒泡的泉水。美男子高兴极了，谢过猫头鹰后就回城了。当公主看到美男子把泉水打回来时，再也找不出理由拒绝了，便答应嫁给他的国王。

287

被囚高塔

公主跟美男子一同启程了，因为她再也找不出别的理由来拒绝他了。

路上，公主发现她越来越喜欢美男子，她从没见过这么勇敢的人，跟他在一起，竟有说不完的话，讲不完的开心事。

于是，公主对美男子说："美男子，我们为什么不留下来呢？在这里，我会让你当上国王，我们会非常幸福的。"美男子一听，断然回绝了公主："我不能做对不起我主人的事！"公主被美男子的忠诚感动了，便不再说了。

当美男子和公主到达国王的都城时，国王带着长达数千里的迎亲队伍来接公主，可想而知，国王和公主举行了盛大的婚礼。

金发公主太喜欢美男子了，她不停地赞扬他，如果他一刻不在她身边，她就觉得不开心。她对国王说："如果不是美男子，我不会来这儿的，你应该好好感谢他，他做了难以想象的事，不仅帮我把遗失的戒指找回来，杀死了坏巨人，还为我取回美丽之泉，我不仅永远不会老，还会越来越漂亮。"国王听了心里酸酸的。

这时，有人开始在国王面前说美男子的是非，挑拨他们之间的关系，还说王后认为世界上没有人比得上美男子，国王听了心里很不是滋味，他决定把美男子关进高塔里，让王后永远见不到他。

于是，卫士带走了忠心耿耿的美男子，把他囚禁在一座高高的铁塔里。在囚牢里，美男子每天只能吃到一片黑面包，喝到一罐水。不过，他的小狗常来安慰他，把它知道的所有消息都告诉他，这样他在铁塔里不至于感到寂寞。

金发公主不知什么时候知道了美男子被囚的事，她跪在国王脚边，求他放了美男子。国王非常生气，以为自己不够英俊，不讨公主喜欢，就想用美丽之泉洗洗自己的脸。谁知，公主放在架子上的美丽泉水瓶，被一个侍女追打蜘蛛的时候给打翻了，水洒了个精光。侍女吓坏了，急匆匆打扫干净，然后从国王的房间里拿出一个一模一样的水瓶，又放回公主的架子上，装作什么都没发生过。其实，那个瓶里装的水是惩罚水，是给那些不守规矩、招惹是非的人用的，如果用那种水洗了脸，就会立刻睡着，并将永远不会再醒来。国王不知情，就用那瓶水洗了脸，之后，他就睡着了，而且再也没有醒来过。

这时，公主想起美男子为她做的一切，没跟任何人打招呼，就把他从高塔里放了出来，还亲手把金王冠戴在了美男子的头上，把国王的披风给他穿上。公主说："忠实的美男子，你现在自由了，成了国王和我的丈夫。"

美男子为获得自由而开心，但让他更高兴的是公主对他的爱。他们很快举行了婚礼，美男子当了国王，他们从此幸福地生活在一起。

小仙女
Princess

Princess

　　有一个诚实善良的小女孩，她常常受到恶母的虐待。一次，她在打水的时候遇到了一位小仙女，小仙女赐给她一种神奇的本领。恶母得知后，立刻让她最爱的大女儿前去打水，可这位心肠不好的姑娘却受到了小仙女的惩罚，她一说话就吐出毒蛇和癞蛤蟆，这可真是一件离奇的事情！

奇遇小仙女

从前，有一个寡妇，她有两个女儿。大女儿长得跟她一模一样，又丑脾气又坏，花儿见了她都躲得远远的，鸟儿见了她也会扑棱棱地展翅飞走，谁也不愿意和她在一起。而小女儿却长得完全像她的爸爸，既温柔漂亮，又心地善良，人们都说从没见过这么好的姑娘。

然而，寡妇却对大女儿百般疼爱，什么事都不让她做，她吃的、穿的、用的全是世界上最好的东西。她一看到大女儿不开心，就心疼地大叫起来："哦，我的小心肝，是谁惹你啦？快告诉妈妈，是讨厌的太阳把你晒伤了，还是烦人的风把你刮伤了，要不就是可恶的妹妹气你啦？"

她说着就气呼呼地冲进厨房，拧着正在干活儿的小女儿的耳朵，恶狠狠地说："是不是你惹姐姐生气啦？"

只见一个衣服上打满补丁、满脸灰尘的小姑娘，弓着腰被寡妇从厨房拎了出来。小姑娘一边走，一边可怜地讨饶："哦，妈妈，饶了我吧，我一直在厨房干活，根本没惹姐姐，求您了！"小姑娘脸上淌满了泪水。

"那姐姐怎么会哭？不是你惹她，还会是谁？"寡妇险些把小姑娘的耳朵揪下来。

"妈妈，是一只小蚂蚁爬到我漂亮的鞋子上来了。"大女儿看见她鞋上的小蚂蚁不见了，又高兴起来。

"快去干活儿！想偷懒不成？记得把缸里昨天剩下的水倒掉，重新打满新鲜的泉水！"寡妇对小女儿恨得咬牙切齿，叫她不停地干活，而且还给她吃剩饭剩菜，穿破衣破裤。

一天，当小女儿到泉水边提水的时候，一位拄着拐杖的老婆婆蹒跚地向她走来。

"孩子，行行好，我渴得厉害，给我口水喝吧！"老婆婆有气无力地向她讨水喝。

"老婆婆，您先歇会儿，我洗洗水桶，马上给您打水喝。"小姑娘扶着老婆婆坐在泉水边的大石头上休息，她把水桶洗干净了，从泉水中最清澈的地方打了满满一桶，拿给老婆婆喝。她怕老婆婆弯腰喝水费力，还特意用手托着桶，让她喝起来更省力些。

"谢谢你，善良的孩子。"老婆婆喝了水有精神了，"你真是一个好姑娘，善良和诚实让你具有一种特殊的本领，你每说一句话，嘴里就会吐出鲜花或宝石。"

原来，老婆婆是一位小仙女变的，她变成一个可怜的老妇人，想探探这位小姑娘是不是像人们所说的那样善良诚实。

小姑娘回到家，寡妇嫌她回来晚了，把她痛骂了一顿。可怜的孩子马上开口向寡妇解释，她一说话，嘴里就吐出两朵玫瑰花、两粒珍珠和两颗大钻石。

"我的女儿，"寡妇惊讶地喊起来，这是她第一次这样称呼小姑娘，"我看到了什么？从你嘴里竟喷出两粒珍珠和两颗钻石！你是怎么做到的？"

可怜的小姑娘把事情的经过一五一十地讲给寡妇听，她一边说一边又吐出许多珠宝。

恶女孩儿的报应

寡妇知道了事情的原委，破天荒地给了小女儿一块指甲盖儿大的酸奶酪。

"哦，这么说，是那个丑陋的老太婆让你有的这个本领！看来，我该叫大女儿到那里去，说不定她能吐出比你还多的宝贝。"寡妇说着，叫来她的大女儿，"我的小心肝，你快快去泉水边打水，当一个难看的老太婆向你讨水喝的时候，你只要诚恳地给她喝就是了。"

"我才不去呢！"大女儿好吃懒做，粗鲁地拒绝了寡妇，她才不愿去为一个丑陋的老太婆打什么水喝。她心里想：妈妈今天这是怎么啦，为什么让我去干活儿？

"我叫你去，立刻就去！"寡妇头一次对大女儿发火，她的心都快疼碎了，要不是想让大女儿嘴里也能吐出许多许多宝石，她怎么忍心让她的心肝宝贝去干活儿呢？

没办法，大女儿拿了家里一个最精美的银瓶，到泉水边去了，临走时还一直抱怨个不停。当她走到泉水边时，一位穿着高贵的老妇人出现了。她就是出现在小女儿面前的那位小仙女，这次是特地来试探大女儿的，看她是不是善良诚实。

"孩子，我渴得厉害，能不能给我打点儿泉水喝啊？"老妇人向大女儿讨水喝，她觉得丑陋的外表里说不定藏着一颗善良的心。

"难道我来这里就是为了给你送水喝吗？"大女儿粗暴无礼地拒绝了老妇人，"你想喝水自己趴在井边喝啊！"

"可是我没有东西舀水啊，能不能用一下你的瓶子呢？"老妇人看着大女儿手里的银瓶说。

"要喝，你就喝好了！"大女儿很不情愿地把手中的银瓶递给老妇人。

"好吧！"小仙女已经看出大女儿不是诚心诚意给她水喝，她并没有生气，"既然你这么不愿意帮助他人，又是这么没有礼貌，我也送你一件特殊的礼物，以后你说话的时候，每说一句话，嘴里就会吐出毒蛇或癞蛤蟆。"

大女儿才不信她的话，连话都懒得再说了，她接过银瓶，不高兴地甩着胳膊回家了。

妈妈见大女儿回来了，高兴地大叫起来："哦，我的小心肝，让妈妈瞧瞧，看你带回什么来啦？"寡妇恨不得让全世界的人都知道，大女儿给她带回怎样的宝贝东西。

"哦，妈妈，是一个讨厌的老太婆。"大女儿刚开口说话，嘴里就蹦出两条毒蛇和两只癞蛤蟆。

妈妈一看，吓得惊叫起来，追着小女儿把她痛打了一顿，一边打，一边说："瞧瞧你这个坏姑娘，你害得姐姐成什么样啦，我打你，打死你！"

可怜的小姑娘被赶出了家门，身上留下了青一块紫一块的瘀伤。她不知要去哪儿，边走

边哭，就连太阳公公也伤心地躲到云层里了。不知不觉，她来到一片柠檬树林，金灿灿的柠檬，像一个个挂在绿树丛中的金太阳。小姑娘好想变成一枚柠檬果，这样她就会忘掉身上被寡妇痛打时留下的创伤。虽然柠檬果会挤出一种令人感到苦楚的酸水，但这与积在她心中的酸楚相比，是多么渺小啊！

"爸爸，您在哪儿？来帮帮女儿吧！"可怜的小姑娘泣不成声，"我好想好想您啊，把我带走吧！"

这时，一位打猎归来的王子路过柠檬树林，看见了她。王子从没见过这么美丽的姑娘，就问她："请问，姑娘，你为什么在这儿哭啊？"

"您好，尊敬的王子殿下，妈妈把我从家里赶了出来，我不知道要去哪儿？"小姑娘止住哭声说。

但她越说越伤心，到后来又禁

不住哭了起来。

"哦，我的天啊，你——这——"王子惊奇地看到从小姑娘嘴里竟吐出五六颗珍珠和五六粒钻石，"姑娘，你怎么会有这种奇特的本领呢？"

小姑娘把她遇到小仙女的事告诉了王子，王子顿时爱上了眼前这位善良、美丽的姑娘。"你能跟我回王宫吗？如果你愿意，王宫将是你的家。"

于是，小姑娘跟王子一起回宫了，他们举行了隆重的婚礼，从此幸福地生活在一起。而她那坏心肠的姐姐，因为一说话就吐出毒蛇和癞蛤蟆，没人喜欢她，就连她的亲妈妈都把她赶出了家门，最后她死在了一片枯树林里。

293